英语语用能力培养与英语教学研究

王　磊◎著

北京工业大学出版社

图书在版编目（CIP）数据

英语语用能力培养与英语教学研究 / 王磊著．— 北京 ：北京工业大学出版社，2018.12（2021.5 重印）
ISBN 978-7-5639-6752-0

Ⅰ．①英… Ⅱ．①王… Ⅲ．①英语－教学研究－高等学校 Ⅳ．① H319.3

中国版本图书馆 CIP 数据核字（2019）第 010468 号

英语语用能力培养与英语教学研究

著　　者：王　磊
责任编辑：赵圆萌
封面设计：点墨轩阁
出版发行：北京工业大学出版社
（北京市朝阳区平乐园 100 号　邮编：100124）
010-67391722（传真）　bgdcbs@sina.com
经销单位：全国各地新华书店
承印单位：三河市明华印务有限公司
开　　本：787 毫米 ×1092 毫米　1/16
印　　张：10.75
字　　数：215 千字
版　　次：2018 年 12 月第 1 版
印　　次：2021 年 5 月第 2 次印刷
标准书号：ISBN 978-7-5639-6752-0
定　　价：48.00 元

作者简介

王磊，1981年10月生，汉族，女，山东兖州人，硕士，济宁医学院教学名师，副教授，主要从事语用学和英语教学研究，主讲大学英语、商务英语课程，曾主持2项山东省社科规划项目，在核心期刊上发表过多篇学术论文。

前　言

语用能力的培养是英语教学的重要目标，学生只有具备了一定的语用能力，才能够正确、恰当地在实际生活中运用英语进行交际活动。然而在传统的英语教学中，英语教师过于重视知识的传授，导致对学生语用能力的培养相对不足。由于现代社会对于人才英语能力的高要求，英语教师在教学中要加强对学生语用能力的培养，使学生具备一定的英语语用能力。

本书共八章。第一章为绪论，主要对语用学的概念、产生与发展、语义学与语用学的联系与区别等内容进行研究。第二章为语言的关联性研究，分别对语言与社会、语言与文化、语言与认知的关系进行研究。第三章为英语语用能力与英语教学关系探讨，对语用学与语用能力的关系及语用失误，本族语者与非本族语者的语用能力差异，英语语用能力培养方法，英语教学中存在的问题及其原因，英语语用教学的概念、必要性与设计等问题进行研究。第四至第七章分别以会话含义、言语行为、礼貌原则、话语标记语为内容，从理论和英语教学实践两个方面展开相应的研究。第八章则对语言习得理论、大学生在英语学习中存在的问题及其原因、以语用能力培养为目的的通用英语教学及专门用途英语教学等问题进行研究。

为了保证内容的丰富性与研究的多样性，笔者在撰写本书的过程中参阅了很多关于英语语用能力培养与英语教学方面的资料，在此对这些学者表示衷心的感谢。

最后，由于笔者水平有限，时间仓促，书中难免有疏漏和不足之处，恳请读者批评指正。

目　录

第一章　绪　论……………………………………………………………1

　第一节　语用学概念界定………………………………………………1

　第二节　语用学的产生与发展…………………………………………5

　第三节　语义学与语用学的联系与区别………………………………12

第二章　语言的关联性研究………………………………………………17

　第一节　语言与社会的关系研究………………………………………17

　第二节　语言与文化的关系研究………………………………………24

　第三节　语言与认知的关系研究………………………………………32

第三章　英语语用能力与英语教学关系探讨……………………………37

　第一节　语用学与语用能力的关系及语用失误………………………37

　第二节　本族语者与非本族语者的语用能力差异……………………41

　第三节　英语语用能力培养方法………………………………………46

　第四节　英语教学中存在的问题及其原因分析………………………47

　第五节　英语语用教学的概念、必要性与设计………………………49

第四章　会话含义与英语语用教学………………………………………55

　第一节　会话含义的主要理论…………………………………………55

　第二节　会话含义的主要内容…………………………………………60

　第三节　会话含义理论在英语语用教学中的应用……………………67

第五章　言语行为与英语语用教学………………………………………73

　第一节　言语行为的主要理论…………………………………………73

　第二节　言语行为的特征………………………………………………89

　第三节　言语行为理论在英语语用教学中的应用……………………92

第六章　礼貌原则与英语语用教学………………………………………99

　第一节　礼貌原则的主要理论…………………………………………99

第二节　礼貌的文化特征与策略 …………………………………… 102
第三节　礼貌原则在英语语用教学中的应用 …………………… 107
第七章　话语标记语与英语语用教学 ………………………………… 117
第一节　话语标记语的主要理论 …………………………………… 117
第二节　话语标记语的语用功能 …………………………………… 121
第三节　话语标记语与关联理论 …………………………………… 130
第四节　关联理论指导下的话语标记语教学方法 ……………… 134
第八章　大学英语教学与语用能力培养 ……………………………… 139
第一节　语言习得的基本理论 ……………………………………… 139
第二节　大学生在英语学习中存在的问题及其原因 …………… 145
第三节　通用英语教学与语用能力培养 ………………………… 151
第四节　专门用途英语教学与语用能力培养 …………………… 153
参考文献 ……………………………………………………………… 161

第一章　绪　论

“语用学”（pragmatics）这一术语最早现世于20世纪30年代，但作为一门学科，它成立于20世纪六七十年代，成熟于20世纪80年代。可见，语用学是一门古老而又年轻的学科。如今，作为语言学的一个分支，语用学的发展十分迅速，研究议题与范围日渐扩大，各类专著不断面世；《语用学刊》《跨文化语用学》等专业期刊也相继诞生了。近年来，国内语用学的发展也日益呈现出朝阳之势，越来越多的学者关注、探究语用问题，尤其是日常会话、访谈等言语交际中的语用现象。语用学研究特定语境中的话语生成与话语理解，因此它离不开语言使用的语境因素。可见，语用学就是一门实用学科，它研究的问题、关注的现象就在人们身边。

第一节　语用学概念界定

一、语用学的概念

语用指的是语言的运用，是指交际双方在一定的语境中，话语表达和话语理解的活动。掌握一种语言的语音、语汇和语法等基本知识与规则，并不等同于能很好地运用语言的。

语用学，即语言使用的实用学。语用学通常是研究在不同语境中话语意义的恰当表达和准确理解，寻找并确立使话语意义得以恰当表达和准确理解的基本原则和准则的一门学科。下面通过一个例子对交际中的语用进行分析。

例1–1

妈妈，那是什么？

从字面意思上理解，可以将该句理解为说话人对妈妈的一个询问，询问妈妈附近或者远处的某事物是什么东西。

若要结合具体的语境，则可以其语境意义做出如下分析。

①当一个小朋友用手指着面包店卖的面包，明知那是面包，却故意询问，

此时她表达的意思是“妈妈，我想吃面包”或者“妈妈，我饿了”。

②当一个小朋友在动物园里用手指着从未见过的长颈鹿说此语时，就仅是一种询问，这个小朋友不可能是要表达“我想买长颈鹿”或“我想吃长颈鹿”。

通过上例的分析可知，语用学就是研究话语在使用中的语境意义，或话语在特定语境条件下的交际意义，包括意义的产生与理解，也包括交际中语言形式或策略的恰当选择与使用。

二、语用活动中常用的几个基本概念

在对语用学的概念进行界定之前，读者需要区分清楚几个基本概念。

（一）句子与话语

句子是一个句法学、语义学的概念，是脱离语境条件的抽象的单位，多用于指抽象的语法结构或脱离语境条件的结构组合，也就是说，它是按照一定的语法规则组合起来的、具有意义的语言单位，其意义就是词汇意义和语法意义的组合，在任何条件下它的意义都是恒定的。对于句子与话语的分析可看下例。

例 1–2

①我明天有考试。

这是一个简单的陈述句，其中“我”是主语，指说话人；“有”是谓语动词；“考试”是宾语；“明天”是时间状语，指说话后的第二天。它的意义就是这些词汇意义的总和，即说话人明天有考试。

由句①可知，句子在任何时候都具有字面意义，这种字面意义是一种脱离具体使用条件的、孤立的表面意义。

话语是一个语用学概念，指的是特定语境条件中所使用的句子、词或词语，体现的是特定的语境意义。

当“我明天有考试”出现在不同语境条件下时，它便可被称为“话语”。说话人借助它传递的信息很可能是“超句子”的，即说话人通过它传递的交际信息往往不是其字面上的句子意义。

②甲：晚上看电影去吗？

乙：我明天有考试。

在这一语境中“我明天有考试”的交际意义或说话人希望通过它传递的信息就不仅是它的字面意义，说话人（乙）希望表达的是一种隐含信息，即委婉地拒绝对方的邀请——我晚上不去看电影，因为明天有考试。

③甲：这么晚还没回宿舍去呀？

乙：我明天有考试。

在这一语境中，乙通过告诉对方明天有考试这一信息，解说了这么晚还没回宿舍去的原因。

可见，②和③中的“我明天有考试”就是句子①在不同语境中的运用，此时它应被称为“话语”。

（二）语境

在这个纷繁的大千世界中存在着各种各样的事物，各种事物都处在一定的环境和体系中，人在使用语言时也处在一定的环境中，这个环境在文化研究中被称为语境。人类在交往中使用语言更离不开特定的语境。人类交往的语境又可分为单文化语言语境和跨文化语言语境。翻译即是在后种语境中发生的交际活动。自从人类学家马林诺夫斯基在20世纪20年代提出语境的概念以后，人们开始从理论上领悟到，对语言的理解不仅仅是语言自身的问题，还会涉及语言的参与者和使用环境，离开了这些，语言便失去了意义。但直到20世纪60年代，语言学家才将这概念引入语言学范畴，翻译研究从语言学中植入语境这一概念则起始于20世纪90年代。学者们从各自感兴趣的角度对语境进行了研究和论述，由于出发点和目的不同，他们对语境考察的视角和范围就产生了差别。有的学者将语境分为如下四种类型。

①情境语境：指言语行为发生时间的具体情境，包括时间、地点、话题、场合、交际参与者等因素。

②文化语境：指说话人生活于其中的社会文化背景。

③上下文情境：指口语的前言后语和书面语的上下文。

④认知语境：指有关习俗、制度和规范的知识，是与语言使用有关的：已经概念化或图式化了的知识结构状态。

很明显这四种类型可被归为两大类：前三种取语言学视角，以语篇自身和其运作背景为观察对象；最后一种取认知视角，以交际参与者的心理活动为关注焦点。当然，这里只是罗列了语境类型和主要参数，而不是一个系统。要形成一个具有充分描写力量的理论框架，关键在于根据翻译活动的特点和需要，确定合适的凸显点，以便可以提纲挈领，合而统之，形成理论框架。

（三）抽象意义与语境意义

抽象意义是在脱离语境条件下孤立的字面意义，指一个词或词语、一个语言结构或句子所具有的非语境意义。词典对某个词或词语所给定的意义就是脱离语境条件的抽象意义。例如：“电话”，是一个词，意思是“利用电流使两地的人互相交流的装置”；“这是一头牛。”是一个判断句，意思是说话人眼前的或刚才提到的某人或某物是一头牛。

语境意义是在特定语境条件下说话人希望传递的交际信息，即话语在特定条件中的语境信息。它与语境密切联系，是一种语用意义。例如：某人听见电话铃响，对家庭成员或者同屋说“电话！”，说话人的意思是“你去接一下电话吧！”；谈论一个人的身体、性格、品质、为人、行事时，说“这是一头牛。”对于这句话可以根据谈论的具体内容，得出相应的理解，如这个人身体强壮、行事鲁莽等。

（四）自然意义与非自然意义

在语义学中，语言的意义主要是指句子与词语本身的意义，这种意义往往是固定的、内在的，不因外界的影响而变化的，典型的如卡尔纳普的符号学，卡尔纳普试图通过一种逻辑的语言来规范语义命题，使其具有确定的真实性。从语义学对意义问题的这种理解和解决方式不难看出，这是一种对语言自然意义的阐述，即语言的意义不会因其所处的语境和其他条件的影响而发生变化。但是，在现实中使用的语言是很难将其逻辑化和符号化的，否则机器人就可以很轻松地具备自然人的语言能力。因此，要研究现实中人们所使用的日常语言的意义，就不能仅仅停留在自然意义的层面上。逻辑语言在某种程度上只能是“实验室里的语言”，现实中语言的意义无时无刻不在随着其存在的条件而发生着种种微妙的变化，因此就需要引进它的另一种意义，也就是语言的非自然意义。语言的非自然意义理论，或者说划分自然意义与非自然意义这两个概念，最早是由美国语言学家格赖斯在 1948 年牛津大学哲学学会的一次学术报告上提出的。

格赖斯的理论主要是基于这样的问题而展开的：为什么人们在交际的过程中所表达的语言的字面意义往往并不是说话者所想要表达的真实的交际意义？对于某些话语而言，它所表达的意义不涉及说话人的个人意图是听话人完全“自然地”理解的，所以是话语的自然意义。他举例如“Those spots meant measles.”（这些斑点意味着麻疹。），在这个例句中，说话人所要表达的意义具有明晰性和清楚性，不夹带任何说话者本人的个人意愿。而在另外一些话语如“The recent budget means that we shall have a hard year.”（最近的预算意味着我们将度过艰难的一年。），在这句话中，说话人的表达带有强烈的目的性和意图性，这就使话语的意义具有了非自然的色彩。

1. 自然意义

自然意义表示某一话语的自然所指或对某事的自然显示。例如，打雷意味着要下雨了；进入深秋，枫叶就红了；他咳嗽发烧说明他得了感冒；等等。表达自然意义的话语与自然现象有关，它们所表达的信息就是一种自然意义，涉及自然迹象。

2. 非自然意义

非自然意义是在一定语境条件下的说话人所要表达的意义，也就是语境意义。具有随着语境因素的变化而变化的特征，是与交际主体、交际目的等特定语境因素密切联系的。

表达非自然意义的话语往往与自然现象无关。它们的意义因语境条件的变化而不同，它们在特定语境条件下意味着特定的语境信息。只要特定的语境条件发生变化，它们所表示的语境意义就会发生变化。例如，对于“他的脸红了”这句话，在见到女生的语境下，说明“他害羞”；在面对别人追查的语境下，说明“他心里有鬼”；在赛场语境中，说明“他感到紧张”。

第二节 语用学的产生与发展

一、语用学的起源

语用学源于哲学家对语言的探索，是语言学中一门生气勃勃的独立的新学科，它涉及的内容可以追溯到古希腊和古罗马时期。在术语界首先使用语用学这一术语的不是语言学家而是哲学家。在哲学研究中最早使用语用学这一术语的是 20 世纪的美国哲学家莫里斯和卡尔纳普，他们是在对符号学（semiotics）的研究中介绍了语用学这一术语的。莫里斯于 1938 年在《符号理论基础》中提出语用学研究的是“符号和解释者的关系”，随后在 1939 年出版的《美学和符号理论》一书中谈到语用学时将“解释者”改为“使用者”。由此看来，莫里斯不但首先提出了“语用学”这一术语，而且粗略地指明了语用学的研究的对象和范围。尽管莫里斯首先使用了“语用学”这一术语，然而有关语用方面的研究并没有以此为起点而真正开展起来。

卡尔纳普也认为语用学研究的是使用者和词语（符号）的关系，他还认为纯语义学和语用学是“分析词语意义的两种完全不同的形式，而描写语义学可以看作语用学的一部分”。卡尔纳普倾向于把语用学看作经验科学。

语用学的四大奠基理论：预设理论、会话含义理论、指示理论、言语行为理论，由著名的哲学家和逻辑学家弗雷格提出。弗雷格对预设的论述出自他 1892 年发表的《论意义和意谓》一书，他说：“当人们声言某些东西时，总有一个显然的预设，即要预设所使用的简单专名是有意谓的。”列文森对弗雷格所创的预设理论进行了总结，后来英国哲学家斯特劳森又进一步发展了这一理论，语用学才有了为自己奠基的预设理论。弗雷格不仅创立了现今语用学的预设理论，而且为行为、会话含义和指示等四个现今语用学的基本研究课题提供了研究素材。奥斯汀、格赖斯等以弗雷格开创的句子“真值意义论”（逻辑语义学的核心）为标尺，发现了这些素材并创立了言语行为理论、会话含义理论和指示理论。

二、语用学的发展概况

（一）语言学理论在国外的发展

语用学这一术语的出现可以追溯到20世纪30年代。1938年，美国哲学家莫里斯在《符号理论基础》（*Foundations of the Theory of Signs*）一书中首次使用了pragmatics这一术语。而语用学作为一门新兴的独立学科的地位得以确立的标志是，1977年《语用学刊》（*Journal of Pragmatics*）在荷兰发行，以及1986年总部设在比利时的国际语用学学会（International Pragmatics Association，简称IPA）的创立。格林指出，语言语用学（linguistic pragmatics）是涉及语言学、认知心理学、文化人类学、哲学（包括逻辑学、语义学、行为理论等）、社会学（包括人际动态学等）、社会规约和修辞学等领域的一门交叉学科，有些方面属于认知科学范畴。语用学“从功能的角度研究语言”“语用学研究语言理解所必需的语言与语境之间的关系”“语用学研究语言使用者将语句和恰当使用该语句的语境结合起来的能力”。尤尔认为，语用学研究语境意义，换句话说，语用学研究如何通过话语的明说内容传递更多的信息。语用学研究由社会各种条件所决定的人类交际中的语言使用问题。归根结底，语用学是一门研究如何理解和使用语言，如何恰当、得体使用语言的学问，是关于语言使用的实用学。何自然和冉永平认为，语用学的定义包含了语言能力，同时也隐含了语言使用者的认知能力，更重要的是它提到了语言使用中最关键的方面——合适性或恰当性，表达的意义则涉及说话人的个人意图。所以，语用学主要研究以下六个方面的内容。

①意向性，即说话人表达意义的目的。

②会话原则和含义，它们调节交际双方的合作以及影响双方对意义的“磋商”。

③前提。

④交际是如何进行管理的。

⑤意义表达的恰当性。

⑥说话人和听话人选择意义。

这里的“意向性”即说话人表达意义的目的，它决定着语用学研究的其他五个方面。语用学与语义学是互补关系，而且多数意义都可以由语用学来解释或解决。语义离开了具体的语境就很难得以确定，甚至不同语境下同一句子表达的意义完全不同。比如：“I loved the girl”在句子“I loved the girl when we were deskmates.”里表达了说话人过去某时候就发生过的事实——他爱这位女孩。但是在下例的语境中，同样的表达，意思就发生了变化。

例 1–3

A：Do you love me？

B：I loved you.

上述 B 句表达的作用其实相当于“No，I don’t.”。但在语用效果上显然要更好一些。

尤拉夫林森把语用学的学派分为两大学派：英美学派和欧洲大陆学派。英美学派的观点比较接近传统的语言学学派，他们对语用学的研究局限在几个具体的论题之内，如指示语、会话含义、前提、言语行为和会话结构等。欧洲大陆学派认为语用学的范围较广，语用学甚至包括话语分析、交际中的人类文化学以及社会语言学、心理语言学方面的部分内容。何自然和冉永平认为语用学的研究范围主要涉及：①言谈应对社会语言学；②语际语用学；③跨文化语用学；④语用学与翻译；⑤语用学与语言教学；⑥认知语用学。

传统语用学研究的主要理论如下。①奥斯汀在《如何以言行事》（*How to Do Things with Words*）里提出的著名言语行为理论，包括以言指事（locutionary act），以言行事（illocutionary act）和以言成事（perlocutionary act）；②塞尔等人在奥斯汀研究的基础上把言语行为理论发展为间接言语行为理论；③格赖斯提出了人们在说话中都遵守的基本原则——合作原则，包括数量准则（Quantity Maxim）、质量准则（Quality Maxim）、关联准则（Relation Maxim）和方式准则（Manner Maxim）；每条准则都有自己的次则；④莱考夫的礼貌三原则：不要强求于人，给对方留有余地，增进相互间的友情；⑤布朗和列文森的礼貌与面子观，主要包括面子（face）、威胁面子的行为（face threatening act）、礼貌策略三个基本概念；⑥利奇的礼貌原则：得体准则（Tact Maxim）、慷慨准则（Generosity Maxim）、赞誉准则（Approbation Maxim）、谦逊准则（Modest Maxim）、一致准则（Agreement Maxim）和同情准则（Sympathy Maxim），每一条准则都有两条次则；⑦法国的斯珀波和英国的威尔逊在《关联性：交际与认知》一书中提出关联理论（relevance theory），提出了最佳关联假设、最佳关联原则及最大关联；⑧ 1999 年，比利时国际语用学学会秘书长拉科夫·凡楚伦在《语用学新解》（*Understanding Pragmatics*）一书中提出语用学是对语言的一种综观的观点，并提出语言顺应论（adaptation theory）。

2011 年 7 月 3 日至 8 日，第 12 届国际语用学大会在英国曼彻斯特举行。其主题是“语用学及其界面研究”（Pragmatics and Its Interfaces），直接凸显了语用学研究的跨学科性和交叉性，重点探讨了礼貌研究的新进展、说话人意义研究的认知化倾向、认知语用学议题的深化、冲突性话语研究的新热点、身份及身份建构研究的强化、政治话语及商务语篇研究的语用化、语用能力研究的延续、语法语用界面研究及其他八个方面，得出了如下结论：基于以上语用学研究的一些最新议题及所体现的学科多维性和交叉融合性，读者可从中略见，语用学研究的非单一性、传统议题的延续和新兴议题的出现都体现了语用学与相关学科研究之间的相互渗透与融合，以及其他语言学研究中的语用界面问题。类似信息有助于我们把握当代语用学的研究特点和发展趋势。以上信息也给我国的语用学研究带来一定的启示和新的思考。例如，如何拓展传统议题，寻求新的研究领域。笔者认为，一方面，我国学者需要结合新的理论视角，或借用相邻学科的研究方法，走跨学科和交叉研究的创新之路，如认知语用学（cognitive pragmatics）、话语语用学（discoursive pragmatics）、实验语用学（experimental pragmatics）、批评语用学（critical pragmatics）等；另一方面，在语料来源和研究范围方面，我国学者应重视社会实践和语言运用，包括社会文化、语言教学、机构性语言交际等，教学语用学、社会语用学、互动语用学、日渐兴起的网络语用学等就是这方面的代表性成果。只有这样，语用学研究才能不断呈现新的生机。

语用学中的视点研究成果可以有效地揭示礼貌研究中的意识形态、权力关系以及个人态度对礼貌语言的取效的制约与促进，极大地推动传统的礼貌研究。学者对说话人还是听话人话语意义的视点研究引入了大量的心理学、认知语言学和认知语用学的成果，并常常伴随着对人类认知规律的研究，体现了其集人类认知、心理、语言学习于一体的界面研究，符合当前语用学界面研究的新趋势；观念视点的研究融入了大量的人际、权力关系的影响，符合“身份及身份建构研究的强化”方向；当今语用学中政治话语及商务语篇研究的语用化与视点研究中政治语篇的意识形态的研究极其吻合；另外，视点研究中的知觉视点的起点与终点的、常规和非常规安排及其语用功效正是语用界面研究的层面，可以赋予传统语法教学新的活力，使传统语法教学又一次获得新生。此外，将大学英语教学中的素材作为视点研究的语料，成为教学语用学的一个重要部分，是实现科研为教学服务的重要途径。从第十二届国际语用学会的语用研究动向可以看出，视点研究不仅能对语用学的前期研究领域进行补充，为语言的语用解释打开一条新的思路，也为英语教学中一些错误的语法现象，以及虽然语法正确但没有语用效果的语言现象找到新的阐释，为过去英语教学中难以解释的语法现象找到新的诠释；而且视点研究符合当今语用学发展方向，拓宽了语用学的研究领域，使之具有强大的生命力。通过视点研究，语言教学可以与学生语用能力的培养更好地融合起来，更好地实现学生语用能力提高与语言能力提高的相互促进。

（二）语用学理论在我国的发展

1. 语用学在我国发展的概况

20 世纪下半叶，语言学家注意到语言中的各种语用现象，开始从事语用学研究。而语用学作为语言学的一个相对独立的分支是在 20 世纪七八十年代逐步确立其地位的。近半个世纪以来，特别是 20 世纪 80 年代以来，语用学研究发展迅猛、成绩斐然。

语用学在我国的起步是以 20 世纪 80 年代引进国外语用学理论为发端的。许国璋先生最早于 1979 年摘译了奥斯汀的《如何以言行事》。次年，胡壮麟先生发表论文，从四个方面对语用学做了较为全面的介绍。此后我国学者发表的评介国外语用学理论的论文内容涉及语用学的各个研究领域，并具有鲜明的时代性。

我国于 20 世纪 80 年代引进的语用学理论涉及预设、言语行为理论、会话含义与合作原则、礼貌原则以及会话结构的语用分析等论题。我国于 20 世纪 90 年代引进的语用学理论则侧重于介绍关联理论、新格赖斯会话含义理论、语言综观论和顺应论等新语用学理论。这种紧跟时代步伐的评介工作，为语用学这门新兴学科在我国的发展提供了有重要价值的理论参考。同时为了更好地吸收和借鉴国外成果，一些学者在世纪之交及时总结国内各阶段语用学研究的发展经验，发表了一批质量较高的综述和研究论文，为推动语用学的健康发展提供了有益的借鉴。

引进语用学理论的另一项重要工作，是直接翻译和评介国外语用学论著。尤其是 20 世纪八九十年代，一批学者把语用学论著直接译成汉语或通过发表专题文章进行评介，为国内学者提供了宝贵资料。近年来，外语教学与研究出版社和上海外语教育出版社先后推出了当代国外语言学与应用语言学文库和牛津语言学入门丛书，许多著名的语用学论著都在出版之列。原版外文论著的引进极大地提高了语用学理论的引进速度，为国内读者了解原汁原味的、国外经典的和最新的语用学理论提供了方便。

由于西方的语用学理论基本上是以英语为材料建立和发展起来的，有的并不能对汉语现象做出很好的解释。于是自 20 世纪 80 年代中期开始，不断有学者对国外语用学理论进行修正和补充，并在此基础上进一步阐明自己的理论。这是语用学理论在我国的发展过程中的一个闪亮点。其中有代表性的研究包括，钱冠连在 20 世纪 80 年代中后期对格赖斯的合作原则所做的修正和补充；顾曰国结合汉语对礼貌原则和面子概念所做的修正；沈家煊对句子话题和评述的划分、对语用学与语义学的界限提出的新观点；徐盛桓对古典格赖斯主义和新格赖斯会话含义理论的语用推导机制所做的修正和补充，以及在此基础上进一步提出的会话含义理论框架。此外关于语用含义、语用推理、语用学方法论、认知语境等问题，也有人提出了自己的理论或方法。

这些研究大大丰富和发展了语用学理论，并为建立汉语语用学提供了科学的理论基础和必要的理论指导。但是正如沈家煊和钱冠连所指出的：国内的语用学理论研究基本上都是在国外语用学理论基础上进行的修正和补充，很少有原创性成果。这不能不说是一个很大的遗憾。

2. 我国语用学研究取得的成果

国内语用学研究的主要方面及其成果有以下几点。

（1）语用学理论的研究

近年来，许多学者开始关注和研究语用学发展的原动力，从研究其根源来探究语用学的发展。上海外国语的刘森林发表了一篇关于语用理论的文章《元语用论——试探语用学发展的原动力》。在这篇文章中，他指出元语用论是研究语言使用者运用的语言或语用规则成立条件的学问。

（2）实验语用学

实验语用学是最近在语用学研究中才出现的。著名语言学者冉永平、周荣在论文《语用学研究的新趋向——实验语用学研究》一文中指出语用学研究的一个新领域——实验语用学正应运而生，并引领当今国外语用学研究的前沿。

（3）微观语用学方面的研究

微观语用学方面的研究主要涉及狭义的传统议题，包括言语行为、会话含义、关联理论、会话分析等，这些议题仍得到强烈关注，并继续被深入研究。熊学亮教授在第九届全国语用学研讨会上做了对关联理论中的逻辑思考的演讲。

（4）语境理论

语境理论一直是语用学研究的一个重要方面。学者们对语境理论的研究仍热度不减，一方面，语境理论继续得到深化和研究，另一方面，学者们要越来越重视语境与其他理论或语言应用的结合。

其中，语境理论在教学中的应用、语境与翻译的结合、语境与隐喻的结合等尤其需要重视发展。在20世纪前十年的时间里，全国核心期刊中关于语境的论文数量一直是居高不下，许多知名学者仍继续热衷于语境理论的研究。例如，杨蒙在《外语教学》期刊上发表过《语境顺应与文化翻译》一文，主题是在顺应语境翻译论框架下，解读语用文化在包括诗歌在内的文学翻译、旅游翻译等方面的体现；许书明、彭谋在西南民族大学学报上发表了《语境在口语交际中的功能》，指出口语交际与语境具有十分密切的关系。

（5）语用学的交叉研究

①语用学与语篇连贯。语用学和语篇学都是近年来语言学研究的热点问题，二者的理论和研究内容有着密切的关系，例如，关联理论、语境理论都是这两者的主要研究内容之一。一些学者在语言顺应理论和元语用意识理论的基础上，探讨语篇连贯与语言使用者的元语用意识之间的关系、用元语用理论来解释许多表面不衔接但意义上很连贯的语篇，以表明语用学和语篇分析之间存在互补性是可行的。

②语用学与翻译

语用学与翻译结合的研究日益得到国内外学术界的重视。国内外学者在语用学理论框架下研究指示语、关联理论、顺应论与翻译的关系，以及跨文化语用翻译与语用翻译策略等。杨俊峰教授在《外语与外语教学》期刊上发表了《语境顺应与语用翻译》，介绍了一种新的翻译理念——语用翻译，他把语用学理论创造性地应用到翻译中，从而形成了该种跨学科的翻译观。

（6）多角度、多维度研究语用学

认知语言学是新一代认知科学与语言学结合成的一门新的边缘学科，是语言研究的一个新的发展趋势。认知语言学主要包括关联理论、自然语言理解中的默认推理等。第十届全国语用学研讨会的主题是"语用、认知与习得"。在这次会议上，熊学亮、冉永平、赵艳芳等对语用学不同方面做了深入的探究。

3. 我国语用学研究的发展趋势及不足

我国语用学研究的发展动向有以下趋势。一是语用学研究与其他学科相结合，语用学越来越多地体现出学科的交叉性、探索方法的多样性；二是对语言学研究的多角度、多维度趋势，包括认知角度、语言哲学角度以及综合角度；三是从理论研究向实证研究再向应用研究转变。目前，研究方法开始从理论转向实证研究，学者开始尊重语言事实，努力去研究语料，让语料说话。应用研究包括两个方面：一是国外语用理论在外语、汉语语言现象分析中的应用；二是在外语教学理论中的应用。但从整体上看，国内的语用研究存在两个问题。

（1）对语用研究的认识论和方法论问题的研究不足

目前，我国学者只注重介绍吸收国外语用学的研究成果，并以此为依据，进行以外语为对象的语用学研究，缺少对语用研究的认识论和方法论的研究。

（2）对宏观语用学的关注不够

国内语用学界的研究领域偏窄，集中在言语行为、会话含义等微观问题，而对宏观语用学的关注不够。

要想使我国的语用学得到快速发展，我国学者们应做到以下以四点。

第一，要继续引进国外的理论和方法。

第二，要把外语研究和汉语研究结合起来。

第三，应形成自己的理论流派。

第四，将语用学研究的应用应拓宽到人工智能、计算机语言处理等方面，也应加强对语用学的形式化手段的研究。

如何立足于汉语、汉文化，推进我国语用学的新发展，这是 21 世纪我国语用学面临的一个重要问题。

第三节　语义学与语用学的联系与区别

斯特劳森为了批驳罗素的理论专门发表了《论指称》一书，而且指出，语词本身不起指称作用，语言使用者可以在不同的场合使用语词来指称不同的对象。由此足见语境在其中发挥的重要作用。唐奈伦则发展了他的思想，提出在语境的基础上还应考虑听话人在决定指称对象中的作用。列文森则认为语境和听话人的能动作用对于阐释意义和理解交际意图的决定性作用是现代语用学理论的核心。这些思想是在人类认知和研究意义的过程中萌发起来的，也从一个侧面为语义学和语用学之间的相关性、互补性提供了重要的理论依据。

一、语义学与语用学的联系

语义研究最初附属于哲学或逻辑学，语义学直到现代语言学诞生并充分发展以后才形成。语言学家从各个角度提出了众多的意义理论，例如：指称论（referential theory）、刺激反应论（stimulus and response theory）、意念论（ideational theory）、真值条件语义论（truth-conditional semantics）和可能世界语义论（possible-world semantics）等。语义学的发展又直接促成了语用学的诞生。

二、语义学与语用学的区别

人们容易混淆语义学与语用学，主要是因为人们对“意义”这个概念存在不同的理解。利奇曾指出，“意义”在语义学中是二价的，而在语用学中就成了三价的。也就是说语义研究的是“X的意义是Y”。而语用学研究的是“说话人通过话语X来表达Y的意思”。例如一个家庭主妇对仆人说：“Jane，Donkeys！”的时候，单独从语义上看并没有明确的意思；但是从语用学角度来看，女主人是让珍妮（Jane）把驴子从草坪上赶走。当然，两者的区分不能简单地以研究语言内部元素和外部元素来划分，因为语用学也涉及语言内在的特性。笔者就主要从以下四个方面简要分析语义学与语用学的区别。

（一）语义学与语用学的概念不同

语用学是20世纪七八十年代由西方学者建立和发展起来的语言学的一门独立的新学科，语用学是关于符号或语言符号（语词、句子等）与其解释者关系的学科。语用学是语言学各分支中专门研究语言的理解和使用的学问。

而语义学又称作词义学，它是涉及语言学、逻辑学、计算机科学、自然语言处理、认知科学、心理学等诸多领域的一个术语，是词汇学的一个分支，是广义词汇学的一个重要组成部分。语义学是以语言学观点研究语言意义的学科，专门研究词汇意义和词义变化。

（二）语义学与语用学的研究对象或方面不同

语义学的研究对象是自然语言的意义，这里的自然语言可以是词汇、句子、篇章等不同级别的语言单位。各个领域对语言意义的研究目的不同，如语言学的语义学研究目的在于找出语义表达的规律性，逻辑学的语义学是对一个逻辑系统做出解释，等等。再者，词和词之间的各种关系是语义学研究的一个主要方面。

语用学研究言语行为和语境的相互作用及其自然语言中表达客观物理实在的、不以人的意志为转移的规律性。具体研究指示、预设、前提关系、言语行为理论、言语交际的过程、言语交际的原则、会话行为、语言环境、话语表达、话语理解、交际变体和语用对策等方面的问题，研究特定语境中的话语生成与话语理解，因此它离不开语言使用的语境因素，如说话人、听话人、时间、地点或空间、场景等。

（三）语义学和语用学的任务有明显的不同

莫里斯指出，语义学是研究符号与外部世界的关系，而语用学则研究符号与使用者之间的关系。换言之，是否把语言使用者纳入研究范围是这两个学科的主要区别点之一。人们一般都认为语义学是以语义表现力研究为中心，而语用学侧重语言运用规律的研究。

20世纪60年代以来，语用学得到迅速发展。美国莫里斯在提出语形学、语义学和语用学的区分时，认为语用学是对指号和解释者之间的关系进行研究的一门学科。英国哲学家奥斯汀和塞尔勒先后发表了语言行为的理论；美国语用学家格赖斯提出了会话中合作原则的理论。

（四）语用平面和语义平面的不同

语用学和语义学都研究语言的意义，但是角度有所不同，它们各自的研究处于不同的平面上。

语法研究中三个不同的平面，即句法平面、语义平面和语用平面，是语法研究方法上的新进展。三个不同的平面既有区别也有联系。学者对句子进行语法分析必须严格区分这三个平面，又应看到它们之间的密切联系。不加区别，使它们混在一起，就会笼统；看不到它们之间的联系而孤立起来，就会片面。但三者之中，句法是基础，因为语义和语用都要通过句法结构才能表现，而要了解语义或语用，也往往离不开句法结构。人们常用变换的方法来了解语义和语用，但变换也离不开句法。句子分析必须以句法为基础，同时又兼顾到语义分析和语用分析。三个不同的平面有助于语法学科的精密化、系统化和实用化。语义学、语用学及相关学科相结合的探讨可使语义的研究更全面。

语法研究中的语义平面，是指对句子进行语义分析。句中词语与客观事物（符号与内容）之间有一定的关系，这种关系是属于语义的。语义平面所说的语义，不同于词的词汇意义，而是指词在句法结构中获得的意义。语法研究中的语用平面，是指对句子进行语用分析。句中词语与使用者（符号与人）之间也有一定的关系，这种关系是属于语用的。研究语用，也就是研究人怎样运用词语组成句子进行交际。语法分析中的讲词类、讲句子成分、讲句型、讲施事受事工具等方面，都还只是停留在对语法进行静态的描写或分析上。而语用偏重于讲表达，所以是一种动态的分析。英国语言学家利奇把这个平面做了这样的区分：语义学研究的是不受语境影响的语言中词语、句子本身的认知意义；语用学则是研究语言使用上的意义，即在特定语境中表现出来的意义。它们是互相联系而又互不相同的。

例如，对于“汤有点淡”这句话，语义学要研究的是它的命题意义，而语用学则要研究这句话是在什么情景下说出的，说话人的真实意图是什么：是客观地向人陈述汤的味道，还是希望有人给他递盐过来。英国语言学家利奇曾这样来区分这两种意义平面：语义学研究句子的意义，是要解决“What does X mean？”（“X”表示什么意义？）的问题，语用学研究话语的意义，是要解决“What do you mean by X？”（你说“X”是要表示什么意义？）的问题。语用学和语义学对意义的研究是各有分工，互相补充的。语义平面研究句中词语与客观事物的关系，语用平面研究词语与使用者之间的关系。

第二章　语言的关联性研究

语言的发展变化在很大程度上反映了社会的发展变化状况，社会对语言具有重要的决定意义。可见，语言与社会具有密切的联系。因此，对语言进行研究时只有将语言与社会联系起来，语言学的发展才不会成为无源之水。语言与文化密切相关，文化渗透在语言中，语言又是文化的组成部分。认知是一种个人的心理活动，与语言有着紧密的关系。由此可见，社会、文化、认知都与语言的发展有关。

第一节　语言与社会的关系研究

一、语言与社会的关系

人类很早就开始研究语言与社会的关系，古希腊、古罗马和古印度哲学家、语法学家的著作中就曾涉及这个问题。概括来说，人们对于语言与社会的关系研究经历了两个阶段，下面简要介绍一下这两个阶段所研究的主要内容。

第一个阶段：20 世纪 30 年代以来，语言学家们致力于语言学一元性和自治性的探索工作，将语言学看作一门独立的科学，这成为当时语言学研究的主流观点，受其影响，整个 20 世纪前半叶，语言学的研究几乎都是在脱离了具体的社会背景和语言使用环境中进行的结构分析。

第二个阶段：20 世纪 60 年代以后，社会语言学的出现使乔姆斯基的理论语言学受到挑战，语言学研究的二元性观点日渐复苏；在此基础上，越来越多的人开始关注语言与社会的关系，经过几十年的发展之后，当今社会语言学的发展已经趋于成熟。

社会是语言的根基，语言是社会的反映，是社会的一面镜子。置身于社会这个大环境下可以真实感受到语言使用的方方面面。透过语言这面镜子，可以更好地了解五彩斑斓的社会生活。社会语言学的出现使研究语言与社会之间的关系的专家学者的数量与日俱增。在过去的40年里，相关研究也取得了众所瞩目的成就。

在这种学术大背景下，社会语言学为语言学家了解语言、社会、说话人三者之间的内在联系提供了一个全新的视角。对语言以及语言运用的描述不能排除社会因素。换言之，只有置于社会大语境下，一些语言现象才能得以解释。概括来说，语言和社会之间的相互关系集中表现为以下两种形式。

①语言在用于交际的同时也用来建立、维持社会关系。语言的社会功用在人们日常生活中可以显现出来。

②在某种意义上，由于说话人所选用的语言在很大程度上取决于他们的社会环境，因此，同一语言使用者的说话方式也常常会发生变化。反过来，语言也能揭示说话人的一些信息，这就意味着说话人说话的时候不可避免地会对听者泄露一些个人信息。因此，一个社会的物质环境与社会环境可以通过语言（尤其是语言的词汇结构）反映出来。例如，在英语中关于“雪”只有一个词“snow”，而在因纽特语中却有好几个关于“雪”的词，这是因纽特人在他们多雪的生活中需要对不同种类的雪进行区分的反映。

作为一种社会现象，语言与其所在的社会结构之间具有紧密的联系，甚至对于语言形式的评价也是社会性的。因此，对于语言变体的正确性、纯粹性的判断常常不是语言学性质的，而是社会性的。例如，对于元音后 /r/ 的使用就证明了这一点。在纽约，带有 /r/ 音的口音被认为更有影响力，更正确，但是在英格兰口音中，不发元音后 /r/ 的口音被认为比带有这个音的要正确。

学者在研究语言和社会之间的关系时，可以从以下两个途径入手。

①对使用的语言进行一个总观，或从社会中的个体角度来观察社会。这个角度的研究有时被称为“微观社会语言学”或“严格意义上的社会语言学”。

②把社会看成一个整体，研究语言如何在其中发挥功能以及它是如何反映社会差异的，也就是对社会中所使用的语言进行一个总观。这个角度的研究有时被称为“宏观社会语言学”或者“社会语言学”。

二、社会语言学

（一）社会语言学的诞生

第一次社会语言学会议于1964年在美国加利福尼亚大学召开，标志着人们对社会语言学的研究正式拉开帷幕。著名语言学家布莱特把此次会议的论文汇集成册并出版，这被认为是最早的社会语言学论文集。概括来说，社会语言学的诞生与以下几个因素有关。

①从语言学内部看，20 世纪 60 年代以前，语言内部结构一直被现代语言学界视作研究的中心。瑞士语言学家索绪尔作为现代语言学的创始人，就曾提出“就语言和为语言而研究语言”，并将和语言关系密切的民族、思想、文化、历史等社会因素归入“外部语言学”中。在索绪尔看来，这些社会因素和语言本身的研究并无太大关系。受其影响，随后的结构主义语言学（structural linguistics）和转换生成语法学（transformational generative grammar）也都持有相同或类似的观点，都认为语言不是与具体的社会生活、物质现实相联系的活动，而是全体社会成员在说话中统一使用的结构系统。

20 世纪 60 年代后，这种语言观开始遭到部分学者的批判。英国语言学家韩礼德和美国人类学家海姆斯等将言语看作社会行为，坚决认为不能脱离社会去研究语言。因此，他们主张以实际交流中使用的真实语言为研究对象，即在社会环境中研究语言，并通过联系各种社会因素来揭示一般语言的性质和具体语言的特征。换句话说，语言不仅仅是一种交际工具，更是确认社会群体的一种手段。可见，社会语言学（sociolinguistics）的出现为语言学研究开辟了新的道路。

② 20 世纪社会科学研究方法的进步也为社会语言学的诞生创造了物质条件。20 世纪 30 年代以来，抽样调查以及统计学的研究方法在社会科学研究中得到普遍应用，这样能够通过把握事物总体的数量关系来揭示事物之间的内在联系。社会语言学对社会变量与语言变量之间的关系进行研究时就采用了定量研究方法。

③从历史和社会看，二战后的社会格局发生了巨大变化，亚非新兴国家的语言规划以及欧美国家由于移民或其他历史原因造成的双语、多语混杂现象，都需要语言学家对其进行研究并给予解决。20 世纪中叶，西方社会普遍出现人口流动频繁、种族矛盾加剧、失业人数骤增等社会问题，这使语言问题的复杂性更加严重。在这样的时代背景下，如何充分发挥语言的各种功能，协调语言和语言变体，从而减少矛盾与冲突成为迫切需要研究与解决的问题。这都为社会语言学的兴起提供了社会条件。

（二）社会语言学的研究对象

社会语言学作为一门边缘学科，它是伴随着神经语言学、心理语言学、民族语言学、计算机语言学以及数理语言学等一系列跨学科的语言学分支而出现的。因此，语言学家对社会语言学的研究对象有不同的看法。总体而言，社会语言学的研究对象主要包括以下五个方面。

①社会以及不同集团对各种语言或语言变体的评价、态度以及由此产生

的社会效应。

②各类语言变体的构造特点及其社会功能。

③一个国家、地区的语言状况如双语、多语或多方言状况，以及各类言语共同体使用语言的状况、特征。

④由于社会、经济、文化、政治等原因以及语言接触所引起的语言变化的方式和规律。

⑤交际情景与选择语码之间的关系以及语码选择与人际关系的相互作用。

（三）社会语言学的研究类型

虽然不同的语言学家研究社会语言学的侧面以及所采用的研究方法不同，但是大体来说社会语言学研究的类型可以分为以下五类。

①语言学的社会语言学。该类型研究的研究对象是人们日常生活中所说的语言；核心问题是语言变异；基本出发点是把语言视为一个有序异质的系统；强调研究的语料必须取自现实生活；研究目的是充实、完善语言学。

②语用学的社会语言学。该类型研究的主要研究对象是会话，侧重探讨会话原则与策略，研究会话结构与风格。

③社会学的社会语言学，又称“语言社会学”。该类型研究的重点是语言和社会之间的相互作用，其主要任务是解决社会面临的重大语言问题，如语言规划、母语维护等，研究的成果主要用于语言决策、语文建设。

④社会心理学的社会语言学。该类型研究的研究重点是全社会或者是某个社会集团对使用某种语言变体的评价、态度。

⑤民族学的社会语言学。该类型研究是从民族文化的角度去考察语言的使用情况、语言在人类交际活动中的作用，侧重于研究语言交际的方式、特点以及规划；研究的核心是人类的交际能力；研究的最终目标是建立综合性的人类交际学。

（四）社会语言学的研究方法

社会语言学通常采用实地调查的研究方法，通过对语言材料的定量统计分析得出概率性的结论。社会语言学研究的主要对象是社会变体，也就是社会方言，其研究的重点是语言变量与社会变量之间的相关性，研究涉及社会阶层、性别、年龄等社会变量。具体来说，社会语言学研究首先要确定社会变量，然后进行随机抽样，即在某一范围内任意抽取少量样本。随机抽样的方法既有优点，又有缺点。其优点是随机抽样能够避免研究人员为了得出某一个结论，在抽样时带有偏见。但相应地，其缺点在于随机抽样的结果只是一种概率的统计，因此也可能存在误差。此外，由于随机抽样需要按照一定的计算方法、程序进行，研究人员需要在这些方面耗费大量的时间、精力，因此操作起来并不容易。

由于随机抽样的缺陷，研究人员在实践中也经常采用非随机抽样的方法从总体中抽取部分样本作为调查对象。不过，非随机抽样法同样存在一定的缺陷，即无法计算误差和可信度，因此不能根据样本推断总体情况。与抽样相联系的是适度的结论。也就是说，研究人员要避免过度概括。例如，调查对象是某个高校的学生，那么调查研究的结果就不能够超过该范围，得出某地区甚至是全国性的结论。

除抽样调查以外，社会语言学研究还可以通过问卷、访谈等方法来搜集语料，但无论采用何种方法，研究人员都应排除干扰与偏见，保证语料的真实性。例如，在使用问卷法时，研究人员应该尽量将问题设计得清晰明确，并保证开放式问题的中立性。另外，通过问卷法搜集来的语料通常是一堆原始信息，研究人员必须对这些原始信息进行分类、统计后才能得出结论；在使用访谈法搜集语料时，受访人很可能会由于觉察到研究人员的意图而有意调整自己的语体，这就可能使搜集的语料失去真实性，因此研究人员在使用此法时应特别注意这一点，要尽量使受访人输出其自然状态下的话语。

（五）社会语言学的意义

社会语言学的意义主要体现在两个方面，即理论意义与实践意义。

1. 社会语言学的理论意义

从理论上讲，社会语言学研究主要有下面几个意义。

①从语言观上看，社会语言学家认为，语言不是单一的，而是有变化的：变化又分地方性的（这是古人已经注意到的）和社会性的（主要是社会语言学的贡献），社会性的变化又分为社会阶层的变化和职业的变化。

②从研究范围上看，传统语言学只研究语言内部和语言结构的状况，社会语言学将语言外部、社会语言、语言应用与语言变异等都纳入研究范围，从而拓宽了语言学研究的领域。

③社会语言学提出了语言研究的数量化概念。具体来说，社会语言学以一个具体的年龄段、公共场所、社团、行业等作为调查对象，为其拟定具体的调查项目，取得与一定的语言现象相关的调查数据，进而对正在演进中的语言变化做出数量化的概括。

④社会语言学提出了一个介于历时与共时的中间概念，将稳态研究与动态研究结合了起来。

2. 社会语言学的实践意义

从实践上讲，社会语言学研究主要有下面几个意义

①社会语言学研究为制定语言政策提供了理论依据。社会语言学的研究方法之一是对社会语言状况进行调查，这对于人们更好地认识语言国情，制定合乎实际的语言政策和语言规划具有积极的作用，并可以解决一些因语言而引起的社会问题。

②社会语言学研究有助于了解社会文化和历史。例如，若想探索 1949 年以后社会生活的变动，那么，研究词汇变化尤其是新词的出现、变化、派生、潜藏等语言现象就是一种有效的途径。社会语言学是语言学走出象牙塔、走出经院，深入社会，深入人民群众的产物。它要求把语言作为一个国家、一个民族的文明程度的标志，从社会、人民、民族的角度来展开研究，把语言研究作为信息时代的要求来开展研究工作。

③社会语言学研究为语言教学提供了理论和资料，尤其是在第二语言教学领域表现得最为明显。社会语言学根据个人在社会中使用语言情况的研究，提出了变化与共核的理论，并依据不同标准对语言进行分类。虽然语体多种多样，但在各种语体中都包含大量共同的语音、词汇、语法和拼写特征，这些共同特征的总和就是共核。共核是构成各种变化的主体，是为使用某种语言的人所共同接受的。此外，社会语言学认为，语言和语言环境是交际的重要组成部分，这对课程计划的制订具有重要的指导意义。在制订课程计划的过程中，由于语言材料和语言环境都很重要，人们需要认识到两者的重要性而不得忽视任何一方；在学习积极运用阶段要注意两者的平衡。

④社会语言学对语言运用规律和个人使用语言特点等的研究，利于个人加强语言修养、提高语言应用水平。

三、语言与方言

方言（dialect）一词出自希腊语，其原始含义是指“具有共同来源而在不同地区通用的书面语变体”。语言学研究的发展使方言的定义也产生了相应的变化。弗兰克斯认为，所谓方言是指“被小于某个语言群体的团体所使用的该语言的变体”。这一定义突出了方言与它所隶属的语言之间的密切关系。

弗洛姆金和罗曼德将方言定义为“彼此可以交流、但又存在系统性差异的一种语言的不同变体”。这就意味着，方言具有两个必要条件：一是人们互相之间能够听懂；二是存在系统性差异。换句话说，只有满足了这两个条件，一种语言变体才能够被称为方言。例如，汉语与英语是属于两种截然不同的

语言，而不是一种语言的两种地域方言，这是因为汉语和英语在发音、词汇以及句法等方面所存在的差异使说汉语的中国人与说英语的英国人之间根本无法交流。再如，英国英语与美国英语是“英语”的两种地域方言，这是由于英国英语与美国英语之间尽管确实在语音、拼写、词汇用法等方面存在差异，但英国人与美国人却可以顺利地进行交流。现在人们说的方言是指属于同种语言，彼此间有系统性差异，但能互相听懂的多种形式。

很多因素都会对方言造成影响，如地域、职业、阶层、年龄、性别、教育程度等。以地域为例，我国地域广阔，虽然生活在我国不同地域的汉民族都讲汉语，但是各地的汉语却在发音、词汇、句式等各方面表现出系统性的差异，从而形成北方方言、客家方言、吴方言、湘方言、闽方言、粤方言、赣方言等七大地域方言。

与汉语类似，英语也有地域方言。从全球范围来看，英语可以分为英国英语、加拿大英语、美国英语、澳大利亚英语、新西兰英语等多种地域方言。从英国的情况来看，英国南方和北方的方言也有较大差异。具体来说，南北地域方言最重要的分界线从牛津和伯明翰之间穿过，抵达中西部的南端。

在很多情况下，判断两个言语群体之间的系统性差异表现的是两种不同的语言还是两种方言是一件十分困难的事情。例如，说瑞典语的瑞典人、说丹麦语的丹麦人和说挪威语的挪威人是可以互相交流的，但丹麦语、挪威语和瑞典语并不是北欧语言的三种方言，它们仍被视为三种不同的语言。这不仅因为这三种语言存在句法上的差异，而且因为瑞典、丹麦和挪威是三个独立的主权国家。再如，说汉语中的官话的人和说粤语的人相互间听不懂，但是因为汉语中的官话和粤语共享同一个文字书写体系，而且它们主要是被生活在不同地区的中国人所使用，而并非像瑞典语、丹麦语和挪威语那样是不同的独立国家的语言，因此仍被看作同一种语言，只是分别使用同一种语言的不同的方言而已。

可见，将“互相能听懂”作为语言与方言差别的标准是不精确的，因此可以认为，方言之间不是突变的，而是渐变的。例如，从法国城市里尔一路向南到葡萄牙的首都里斯本的途中，各地语言之间的差异并非陡然的变化，而是逐渐进行变化的。这种现象可借用彩虹的七种色彩来解释：在光谱图上分辨出赤、橙、黄、绿、青、蓝、紫等颜色并不难，但要想界定究竟是在什么地方赤让位给橙、橙让位给黄、黄让位给绿……却会变得非常困难，这是因为各种颜色之间并不是突变，而是渐变的。因此，语言学家们只好接受了方言和语言之间的灰色区域。

第二节　语言与文化的关系研究

一、文化的概念

“文化”一词在汉语中古已有之。“文”的本义指各色交错的纹理，有纹饰、文章之义。《说文解字》称：“文，错画也，象交文。”在这里，“文”就是指各种象征符号以及文物典章、礼仪制度等。而“化”本义是交易、生成造化，如《易·系辞传下》中的“万物化生”。“化”的引申义为改造、教化、培育等。

文与化并联使用，在我国古代典籍中最早出现于《周易》：“观乎天文，以察时变；观乎人文，以化成天下。”此句中的“天文”，是指自然天体的构成及其规律；而“人文”则指人类社会的构成及其规律，包括文明礼仪、人伦道德在内。这句话的意思是，治理国家者既要观察天文，掌握自然发展规律，以明耕种渔猎之时序；又要观察人文，把握社会中的人伦秩序，使天下之人均能遵从文明礼仪，并进而推及天下，以成大化。这句话中“人文”与“化成天下”相结合，实际上已经具备了“文化”一词的基本含义，即通过人伦教化使人们自觉行动。

西汉以后，人们将“文”与“化”合并成为一个词语。西汉刘向《说苑·指武》中记载：“圣人之治天下也，先文德而后武力，凡武之兴，为不服也，文化不改，然后加诛。”此句中的“文”和“诛”是两种完全不同的治理社会的手段。上面这句话的意思是：圣人治理天下，先施以文德教化，如不奏效，再施加武力，亦即先礼后兵的意思。此后，“文化”一词的用法延至后世，并进一步引申出多种含义，分别与天造地设的“自然”相对，或者与无教化的“质朴”“野蛮”相对，取其人伦、人文之义。

根据以上分析可以看出，汉语中的“文”“化”两字联用包括以下两种含义。

①用作名词，它是人类精神、智慧、意识及其创造成果的总称。

②用作动词，它是一种过程，指以“文”化之，即使用一定的方法将文明礼仪普及教化。

《辞海》中关于文化的定义是这样的：“文化，从广义上来说，指人类社会历史实践过程中所创造的物质财富和精神财富的总和。从狭义上来说，指社会的意识形态，以及与之相适应的制度和组织机构。”

二、文化的性质

关于文化性质的问题，有些学者从哲学的角度进行分析，他们认为文化是共性和个性的统一体。文化的共性来自人类共同享有一个客观的大自然系统，人们对于整个大局的认识基本上是相同的。文化的个性则是因为世界上每个民族所处的具体自然环境和社会环境各不相同，由此便产生了迥然不同的民族文化。下面对文化的性质进行具体的分析。

（一）社会性

文化具有社会性是因为文化是一种社会现象，这其中包括两个方面的含义。

①文化是人们通过创造性活动而得到的结果，是相对于自然而言的。例如，冰块、树根、贝壳等自然物品经过人们的加工之后可以变成冰雕、树雕和贝雕，这样的工艺品便成了文化物品。

②文化对于人的行为有着十分重要的规范作用。人作为一个个体，其言谈举止受特定环境中社会文化规则的约束。一个人从小到大会受到文化的熏陶，在文化的轨道中前进并掌握成套的、形形色色的处事交往规则。因此，可以认为人既是社会中的人，同时又是文化中的人。

（二）系统性

文化的系统性是指一种文化就是一个自成体系的文化系统。文化系统又可分为三个层次：物质文化、制度文化和心理文化。其中，物质文化是外显性的，是文化的基础；制度文化是文化的关键；心理文化则是文化的主导与核心。文化的这三个层次相互联系、相互作用，共同构成了一个完整的文化统一体。

①物质文化是通过人类的文化活动上升为社会性的物质形态，多指可以感知的、有形的物质精神产品，属于表层文化。例如，饮食文化、服饰文化、茶文化、工艺品文化、建筑文化等。

②制度文化是人类在社会实践活动中建立的各种社会组织、规范和制度，属于中层文化。例如，人际关系中的礼俗文化、行为方式等。

③心理文化由人类在社会实践和意识活动中长期形成的价值观念、思维方式、宗教信仰、社会心态以及审美情趣等多种因素构成。心理文化将与人类息息相关的内容借助一定的媒介升华为精神性的观念形态，故又被称为“心态文化”“观念文化”，属于深层文化。

（三）共同性

文化是人类改造自然、改造社会的实践活动在物质、精神方面所取得成果的总和。文化是全人类所共同创造的，又被全人类享有、继承，因而文化具有人类共同性。物质文化以物质实体反映人对自然界的利用和改造，因而具有非常明显的人类共同性。另外，在不同社会环境中形成的制度文化、行为文化、心态文化也具有可借鉴性。例如：科学技术发明、科技产品以及先进的管理方式等已经成为全人类共有的文化；具有永恒生命力的文学艺术作品会受到东西方人们的普遍欢迎和喜爱，如西方莎士比亚的作品、我国曹雪芹的《红楼梦》等文学艺术作品就受到古今中外读者的喜爱；一些净化生存环境、维护公共卫生等的社会公德与行为规范也普遍得到全世界人们接受。

（四）宗教性

文化具有显著的宗教特性。在人类的发展史上，宗教与政体长期共生共存，两者有时互相利用，有时则合为一体。基督教有过相当长时间的教会统治，而伊斯兰教也曾经在相当大的地域中以教立国。宗教对政治具有不可忽视的影响，因而对文化产生重要影响。物质文化、制度文化、行为文化、心态文化等各种类型的文化都与宗教有着密不可分的联系。例如，建筑服饰、饮食等物质文化由于受到不同宗教的影响而具有明显不同的风格；宗教对人们的思维信仰、意识形态有极大的影响力，宗教文化统治了整个欧洲中世纪社会文化的各个方面。

（五）民族性

虽然文化的共同性决定了某些文化能够被全人类共同享有，不过文化首先是民族的，其次才是人类的。实际上，就文化的产生与存在而言，文化原本都是民族的。因为从总体上来看，人类的文化就是由各民族文化共同来构成的，从不同民族的角度出发来分析文化，文化自然就具有民族性。民族是一种社会共同体，因此越是古老的社会，文化所具有的民族性就越鲜明。斯大林指出："一个民族，一定要有共同的地域、共同的经济、共同的语言及表现共同心理的共同文化。"这里所说的共同地域、共同经济、共同语言、共同心理，都是重要的文化元素。每个民族都有能够体现本民族特色的文化。例如，蒙古族善骑马射箭、新疆维吾尔族能歌善舞等。中华民族是以汉民族为主体的多民族共同体，共同的文化正是使 56 个民族统一为一个民族——中华民族的原因。

众所周知，民族区域生态环境的不同造成了文化积累以及传播方式的不同，由此也在一定程度上影响了社会和经济生活的发展，从而形成了民族文化鲜明的"特异性"。以犹太民族和希腊民族为例，这两个民族在对待宗教上就大不相同。犹太民族认为，上帝支配着宇宙万物和人类社会，尽管人类的智慧是无穷无尽的，但也无法摆脱神的威力。在犹太民族的眼中，上帝是终极的原因和万能的神。这种思想从一开始就占据了犹太人的内心世界，进而慢慢演变成为一种根深蒂固的文化心理。与此相反，希腊民族在人与神的关系这一问题上追求理想与现实的统一，即人与神的和谐统一，这与我国道家“天地与我并生，万物与我为一”的思想如出一辙。如果将犹太民族的《圣经》与希腊民族的神话相对照分析的话，就很容易发现犹太民族唯上帝旨意是从，绝不会有丝毫的怀疑与违背；而希腊神话表达的则是一种现世的享乐精神，因为希腊民族认为人的爱就是神的爱，人的精神就是神的精神。这种不同的文化心理反应在民族性格上，就是犹太人一般比较孤独执着，而希腊人一般比较活泼开放。同样，如果人们把西方文化同东方文化加以比照，就会发现东西方民族的文化差异更为显著。

三、语言与文化的关系

语言和文化的关系一直是语言界、文化界和外语界热议的话题，许多学者对此都曾提出过自己的看法和观点。下面介绍其中一种比较有影响力的说法。

社会语言学家哈德森认为文化和语言之间是一种交叉关系，他曾对语言下过这样的定义：“语言是我们通过直接学习或观察他人的行为而从他人那里学到的知识。”可见，哈德森将文化分为以下三类。

①个人通过观察他人的言行，从他人那里学到的知识。

②个人通过直接学习或者自身体验而获得的知识。

③人们共享的普遍认同的知识，不需要互相学习得来，如饿了要吃饭、渴了要喝水等。

哈德森认为，语言并非完全通过文化得来，一部分是通过个人总结自身经验或直接习得组成部分。

四、语言对文化的影响

语言对文化的影响主要表现在三个方面：语言是文化的重要组成部分；语言是衡量文化水准的尺度；语言能够反映文化。

（一）语言是文化的重要组成部分

语言是文化的重要组成部分，主要表现为以下三点。

①从文化的内涵可以看出，文化包括物质文化和精神文化。物质文化中语言的作用并不明显，但语言对于精神文化的建设至关重要，精神文化需要语言来表达，需要语言来记载，语言是精神文化得以产生和发展的必要前提之一。因此，可以说语言本身便是文化的一个特殊组成部分。

②语言与文化不是生来就有的，是后天习得的。

③文化具有民族性的特点，而语言也同样具有民族性。

（二）语言是衡量文化水准的尺度

文化有雅、俗之分，语言也有雅、俗之分。语言的雅、俗之分在相同的民族文化背景下的不同阶层中表现得尤为明显。由于各阶层所受到的文化教育不同，因而他们所使用的语言也有很大的差异。在某些特定的环境中，语言可能成为具有某一种文化范畴的社团或群体的特征，正如美国语言学家萨丕尔在《语言》中所写的那样："语言有一个环境。使用语言讲话的人属于族，也就是说，属于身体特征不同而与其他集团分开的集团。"从某种角度上说，语言是身份的象征。社会学家巴兹尔·伯恩斯坦对美国各层社会中的语言进行比较后发现，下层社会的人习惯使用比较有限的语言代码，他把这种语言叫"大众语言"。与这相对的是中上层社会人士使用的"正规语"。一般说来，大众语言不太准确，概念性差，较少地使用非人称代词，但大众语言比较生动，表达更有力和更直接。相比之下，正规语言有较丰富的表达形式和象征性概括，能表达各种事物的细微差别。

（三）语言反映文化

语言是一种表达符号，表达人们的思维、认知等，在这个过程中反映不同层次的文化，语言不仅是文化的记录者，而且从不同方面反映了各种各样的文化。下面笔者就从生存环境、价值观念、风俗习惯、宗教文化四个方面来分析语言是如何反映文化的，进一步加深对语言与文化密切关系的认识。

1. 语言反映生存环境

语言的形成与一定的自然地理环境有着密切的关系，特定的地理环境造就了特定文化，特定文化反映在语言中形成特定的表达。因此，语言反映了特定的生存环境。例如，英国是一个岛国，人们靠航海、捕鱼为生，因此产生了很多与航海、捕鱼等词汇有关的经典习语和谚语。

2. 语言反映民族的价值观念

语言是民族文化的载体，语言能够反映不同民族的价值观念。

西方原始居民以游牧和狩猎为主，狗在西方有着很重要的地位，被看作人类的朋友，英语中有很多用狗的词汇来表达人们的日常行为，如 love me, love my dog（爱屋及乌）、work like a dog（拼命地工作）等。然而，在中国的汉文化中，关于狗的表达中贬义的较多，如狼心狗肺、狗嘴里吐不出象牙等。中国自古以农耕为主，对于中国人的汉文化民族心理来说，牛是人们耕种的好帮手，关于牛的表达中褒义较多，如俯首甘为孺子牛等。

可见，从不同的语言表达中可以发现一个民族的传统与好恶，因此语言能够反映民族的价值观念。

3. 语言反映风俗习惯

风俗习惯是社会群体经过长期的共同生活所创造并且共同遵守的生活和行为习惯，是一种社会文化现象。可见，风俗习惯的形成过程离不开社会群体的语言表达，而语言的表达中也会反映一定的风俗习惯。民间的风俗习惯包括生活方式、社会礼仪、婚姻传统等。例如，汉语中常用的语言表达“先来后到”“人敬我一尺，我敬人一丈”，反映的是中国人的处世态度和行为习惯。再如，中世纪的英国人习惯把盐罐子放在餐桌的中间，贵宾一般坐在盐罐子的上首，即 above the salt（意为“处于尊敬的地位”），一般客人坐在下首，即 below the salt（意为“处于无足轻重的地位”）。

4. 语言反映宗教文化

宗教文化是文化价值体系的内核，不同的语言都能够反映其所在文化的宗教观念。

汉语文化受佛教和道教的影响颇深。西汉末年，佛教传入中国，汉语中便随之出现了一些与佛教有关的语言表达，如“大慈大悲”“不看僧面看佛面”“放下屠刀，立地成佛”等。同样道教对汉语的习语文化也有很大的影响，汉语中有一些习语源自道教教义，如“灵丹妙药”“道高一尺，魔高一丈”等。

然而，英语的语言和文化深受基督教和《圣经》的影响，其中很多习语源于基督教教义和《圣经》经文。

五、文化对语言的影响

文化对语言的影响表现在：文化是语言形成和发展的基础，也是制约语言运用的决定性因素。

（一）文化是语言形成和发展的基础

文化与语言的形成有着密切的关系，文化是语言形成和发展的基础，没有文化的语言是不存在的。萨丕尔在《语言》中曾指出：“语言不能脱离社会继承下来的观念，不能脱离文化面存在。”由于语言中的很多方面（如句法结构、词汇意义等）都包含着许多文化因素，因此现代的文化学家认为，语言是一种文化行为。

比较中西方文化的研究表明，中国人以综合性思维为主导，西方人则以分析性思维为主导。前者重悟性，后者重理性。这种思维方式的差异表现在语言上则是，汉语结构以意统形，没有形态变化，断句不严，句子结构没有焦点，强调按时间顺序和事理排列，内容上自足，语义、语用因素重于句法因素；而西方语言注重句子结构的完整性，形态有变化，句界分明，句子以限定动词为核心控制各种关系，语言组织丰满，力求言能尽意。从总体上说，汉语是综合性语言，强调语言环境对理解语意的重要性，西方语言是分析性语言，语句本身就表达了一个完整的意义。

词汇是构成语言的基本组成部分，因此文化对语言的影响作用主要是通过词汇表现出来的。例如，由于骆驼在阿拉伯人的生活与文化中起着很重要的作用，因此在阿拉伯语言中至少有6000个词汇来表示骆驼的各个部位以及与骆驼相关的各种装备。再如，由于雪在因纽特人的生活中有着至关重要的作用，因此在因纽特人的语言中出现了很多种词汇来表示雪。然而，对于一个斐济人而言，甚至没有一个词汇来表示雪的概念，这是因为斐济人常年生活在热带条件下，终年见不到雪，对雪没有任何的概念。可见，一个民族特有的文化背景和地理环境使得该民族语言中出现了一些特有词汇。

（二）文化是制约语言运用的决定性因素

语言的运用受到一系列因素的制约，其中文化是主要因素。众所周知，语境是理解语言的先决条件，而文化则是其中最大的语境，不同的文化背景对语言的理解和运用有着一定的制约作用，同一句话由于不同的文化背景则具有不同的含义，因此了解文化是避免误解言语的必要环节。例如，在汉语言中，朋友、同事见面后都会进行寒暄“早上吃饭了吗”“一早到哪里去呀”，在汉语言中这是一种问候的话语，能够使人感到亲切、友好，有利于朋友和同事间联络感情；但是同样的这些话在西方的文化中却有不同的含义。如果早上见到一个外国人直接问候“Have you had your breakfast？”他会以为你要请他吃饭；如果问他“Where are you going this morning？”他会认为你要打探他的个人私事，会感觉你不友好。可见，文化在语言运用中起着非常重要的作用。因此，在语言运用的过程中，人们需要深入地了解目的语语言中的文化，进而确保高效、成功地进行交际。

另外，即使在相同的文化背景下，语言文字的运用也会受文化的制约，汉语中的避讳就是一个典型的例子。避讳产生于儒学作为封建社会精神支柱的历史年代。儒学的三纲五常是一种严格的道德规范，与此相适应的是汉语文献中人名、地名、职名、书名等改字避讳的现象非常普遍，对君主、圣人、尊长不但要避他们姓名中的同字之讳，甚至还要避同音字之讳。例如：嫦娥本姓恒，人们改称嫦娥是为了避汉文帝刘恒之讳；东汉名妃王昭君，人们改称王明君是为了避晋文帝司马昭之讳；庐山又名匡庐，人们改称康庐是为了避宋太祖赵匡胤之讳。此外，从民俗学角度来看，避讳也适用于那些隐含不吉利意义的词，例如：广州话称牛、猪等的肝、舌分别为润、利，因为肝、舌的同音字干、折（蚀）有不吉利意义；上海话称鹅为白乌龟，因为上海话鹅与我同音，“杀鹅”就成了“杀我”。

六、文化与语言的相互影响

文化与语言之间是相互影响、相互制约的，文化的发展离不开语言，语言的发展同样需要文化的推动，下面对其展开具体的分析。

（一）文化的发展离不开语言

任何文化的记载和传承都是通过语言来完成的，不同文化之间的交流和沟通也是通过语言来进行的，可见语言是文化发展的前提和必要条件。正是借助了语言，文化的各个组成部分，如思维、教育、政治、法律、艺术、风俗习惯等才能得以代代传承。

语言和文化有可变性的一面，语言总是民族的语言，具有民族性，文化总是民族的文化，也具有民族性，但它们都不可能是完全封闭、一成不变的。一方面，社会总是在不断发展变化，社会的发展变化归根结底是社会文化的发展变化，语言既然是文化的表现形式，文化的发展变化就不可能不在语言中有所表现。另一方面，从文化交流方面看，民族文化交流的先导也是语言，没有语言和语言之间的翻译就无法进行文化交流。语言的翻译实际上是语言符号形式的转换和意义的借入，在这种转换和借入过程中也为译语一方带来了外族文化。各民族语言在同其他民族的文化交流中不仅吸收了大量的外来词，而且吸收了不少外语的语法成分和语法手段，有时文化的接触还会导致语言面貌的变化。

（二）语言的发展需要文化的推动

文化是语言发展的动力，社会文化的进步可以带动语言的进步，语言体系的发展和完善归根结底来源于文化的不断充实。例如，随着科技文化的发展，科技语言中随之出现了大量的新兴词汇，这种现象在语言中十分常见，相关的例子比比皆是，由此可见，文化因素是语言发展的主要动力。

语言作为文化符号的载体，是一种具有工具效能的知识体系，也是人类认知客观世界的符号系统。

第三节 语言与认知的关系研究

一、认知的含义

自20世纪50年代乔姆斯基《句法结构》的出版推动认知革命的发展以后，关于语言与认知关系的研究便层出不穷，而且成了语言学家长期关注和讨论的重心。

认知在英语中用cognition表示，来自拉丁语cognitio，意思是the action or faculty of knowing or learning（了解或掌握知识的行为或能力）。要真正弄清什么是认知，仅凭借这一笼统的解释是不够的，还需要由国内外专家、学者以及权威典籍对其做一些科学的界定。

奥舍森指出，认知是人类对智能的运用，如辨别声音、阅读文章、解释想法、记忆单词、选择职业等。认知在人类生活中是必不可少的，人类开展每项活动和接收外界刺激都需认知的加工。

莱考夫和约翰孙从认知的广义性出发指出，认知主要包括心智运作、心智结构、意义、推理和语言等。

桂诗春提出，认知是一个内在的心理过程，是知识的习得与使用。

田运认为，认知是直接依靠主体感知能力和思维能力，而不借助实践手段认识客观事物的过程。

《辞海》将认知解释为认识，即人类认识客观事物、获得知识的活动，包括知觉、记忆、学习，言语、思维等问题解决的过程。

由上述观点可知，学者们对于认知的认识虽不尽相同，但都在一定程度上反映了认知的部分内容，只是看待的视角不同而已。正是由于对认知的性质认识不同，人们对认知的定义才会有很大的差异。我国学者白雅、岳夕茜在《语言与语言学研究》一书中将认知心理学中关于认知的定义总结为下面五种。

①认知是信息加工。

②认知是心理上的符号运算。

③认知是解决问题。

④认知是思维。

⑤认知是包含感知觉、记忆、想象、概念形成、范畴化、判断、推理、思维及语言运用在内的一组能动的活动。

在以上五种定义中，①和②属于信息加工论，将人脑等同于电脑，但这与认知语言学关于认知的理解并不相符；③和④认为思维是认知的核心；⑤

是广义认知语言学关于认知的理解。可见，认知的定义有狭义和广义之分。但不管是狭义的认知定义还是广义的认知定义都将思维看作认知的核心，认为思维是信息加工过程中的最高级阶段，是在感知觉、表象、记忆的基础上形成，又反过来影响它们的过程。可以说，思维不但是认知的核心，而且是认知的过程，所以将认知与思维等同起来虽然不够严谨，但却颇有一定的道理。

二、语言与认知的关系

一直以来，很多哲学家、语言学家和人类学家都在考虑语言与认知的关系这一问题。其中，本杰明•李•伍尔夫对这一问题的看法，具有较强的代表性。

伍尔夫通过对霍皮语的研究提出了这样的观点：语言就像是人类戴着的一副眼镜，镜片多少有点屈光，人类就是通过这副眼镜来观察周围的世界的。这就是大家熟知的“伍尔夫假设”。霍皮语是生活在美国亚利桑那州的一个印第安部落的语言，与英语相比有很大差异。伍尔夫将霍皮语与英语对比之后进一步提出，不同的语言赋予各自的使用者以不同的世界观，说英语的人和说霍皮语的人在世界观上就表现出很大的差异，特别是他们对时间与空间的认识存在巨大差别。

目前，很多专家都认为语言与认知的研究方法大致有三种，即心理学方法、形式方法和认知方法。

①心理学方法。心理学方法从相对一般的认知系统的角度出发来考察语言，即从感知注意、记忆和推理的角度来研究语言。通常认为，这一方法从语言的形式特征和概念特征两个角度来考察语言。其中，概念特征包括对语义记忆、概念联想、语境知识和范畴结构的分析。需要提及的一点是，这些研究被极大地限制在某些领域里。

②形式方法。这种方法包括对形态、句法和词汇结构的研究。形式方法主要研究语言显性形式所表现出的结构方式，这些结构大都是从意义中抽象出来的或被认为是自足的系统。

③认知方法。认知方法关注语言中组织概念内容的方式和过程。因为“构建”这一术语既指方式又指过程，所以认知法被认为是研究语言如何构建概念内容的方法。认知方法研究的具体内容如下所述。

认知方法研究语言中一些基本的范畴，如场景与事件、空间和时间、物体与过程、运动与处所，以及力与作用结果的构建。

认知方法研究概念结构间的相互关系，如语义框架概念结构、隐喻映射概念结构、上下文和语境间的概念结构，以及组成更大结构系统的概念结构。

认知方法研究语言的基本概念和情感范畴（如意图、意愿、希望、影响等）所产生的认知因子的语言结构，以及形态、词汇和句法的语义结构。

总之，认知语言学试图确定语言中概念结构的整体结构系统。

三、认知语言学的发展

在20世纪80年代，认知语言学得到了迅速的发展，其发展过程主要经历以下几个阶段。

（一）第一阶段

1980年，由莱考夫和约翰逊共同编写的《我们赖以生存的隐喻》一书从隐喻的角度对语言的本质进行了探讨，用大量语言事实证明了语言与隐喻认知结构的密切相关性。此书在以下几个方面为认知语言学的发展奠定了基础。

①认为隐喻不仅仅是语言的一种修辞手段，同时也是一种思维方式。

②提出了“经验主义语义观”，认为没有独立于人的认知之外的“意义”，也没有独立于人的认知之外的客观真理。

③阐述了人类隐喻认知结构是语言、文化产生发展的基础，而语言反过来又对思想文化产生影响的互相参照论，论述了语言形式与意义的相关性、词语发展的理据及语言与思维的不可分割性。

（二）第二阶段

在本阶段，莱考夫提出了新的“经验主义语言观”，此观点主要涉及以下内容。

①感知器官及其运作环境直接影响到思维和语言。

②客观事物只有被大脑感知才能有意义。

③推理受制于人的生理基础、认知能力、社会文化、经验等。

④人类的理性是富有想象力的、隐喻的，并与人体具有内在的联系。

（三）第三阶段

三部具有重要影响力的著作于1987年得以出版，即约翰逊的《心中之身——意义、想象和理解的物质基础》、莱考夫的《女人，火和危险的事物》和兰盖克的《认知语法基础》。这三部著作的出版标志着认知语言学作为一种独立语言学理论正式形成。

1989年，由勒内•德尔文组织的在德国杜伊斯堡召开的第一次国际认知语言学会议被认为是认知语言学成熟的重要标志，也标志着认知语言学的正式诞生。随后，《认知语言学》（*Cognitive Linguistics*）杂志于1990年得以出版，国际认知语言学会（International Cognitive Linguistics Association，简称 ICLA）也得以成立。现在，认知语言学已形成了自己的研究体系。

四、认知语言学的形成

语言学中的语用学和生成语义学构成了认知语言学形成与发展的主要动力来源。语言学对认知语言学的贡献主要体现在以下三个方面。

第一，使学者从单独研究语言向研究一定语境中的语言转变。

第二，不仅提出了由句子意义向会话含义的推导，而且提出了会话含义的推理原则。

第三，将隐喻纳入语言研究范围。

关于生成语义学的贡献，莱考夫、麦克考利和罗斯等学者认为，句法不是自主的，不能独立于语义，而生成语义学的语义部分才是句法生成的基础，语义不能独立于人的认知之外而存在。

五、认知语言学的重要概念

范畴化是人类知识产生不可或缺的成分，是人类基于经验的异同对经验进行分类的过程，它使人类能够把现在的经验与过去的经验结合起来。相关专家认为，范畴可以分为三个层次：基本层次范畴、上位范畴和下属层次范畴。

（一）基本层次范畴

基本层次范畴是最能体现文化突显性、实现认知需求的范畴。克洛夫特和克鲁兹将这一层次的特征概括为下列四个方面。

①为日常参照所使用的层次。

②表征部分—整体信息的最具包容性的层次。

③构成清晰意象的最具包容性的层次。

④由行为相互作用产生典型范式的最具包容性的层次。

由以上四个特征可以看出，人类在这一层次可以发现范畴特性的最理想化结构；基于这个层次，人类可以感知“事物”的最大的不同之处；同时，这一层次也是最经济的范畴，因为人们与外部世界相互作用的许多信息均储存于此层次，在这一层次人们可以发现许多相关信息，从而形成范畴的完形状态。

（二）上位范畴

上位范畴是最具概括性的范畴，各个成员没有足够的共性构成一个共同的完形。其实，人们一般都是从基本层次范畴提取一些特征，用于上位范畴。

人们也许会认为挑选了对自己重要的基本层次范畴，借用的特征或许是整个上位范畴的代表，但实际上这些特征只是上位范畴内所有成员具有的特征的很小一部分。例如，当有人要求一个人说出一种交通工具时，他首先会想到小轿车或公交车；当有人要求一个人说出一种植物时，他会立刻想到树或者花，这种现象在认知语言学中被称作“寄生范畴”。人们往往把寄生范畴用于上位范畴。克洛夫特和克鲁兹指出，上位范畴有如下四个特征。

①上位范畴比基本层次范畴的定义特征少。

②从语言学角度来看，基本层次范畴名称是可数名词，而上位范畴名称大部分是物质名词。

③与基本层次范畴相比较而言，上位范畴的范畴性要弱，尽管它的成员可区别于邻近范畴成员，但是范畴内相似性相对低。

④基本层次范畴的中间上位范畴与高级上位范畴间只有单一的修饰关系。

（三）下属层次范畴

下属层次范畴具有清晰可辨的完形和许多个性特征。克洛夫特和克鲁兹将下属层次范畴的特征总结为如下三个。

①下属层次范畴的信息量比它们的上位范畴少。

②下属层次范畴是多词素性的，其最普遍的格式为“修饰语 + 中心语”结构。

③与基本层次范畴相比较而言，下属层次范畴的范畴性要弱，尽管它们的成员间有很高的相似性，但与邻近范畴成员的区别性却很低。

由以上三个特征可以看出，人类在下属层次范畴中可以感知基本层次范畴成员间的区别，下属范畴的名称通常比较复杂，它们是典型的复合形式。一个复合形式由两个和更多基本层次范畴的词汇构成，如 apple juice（苹果汁）、rain coat（雨衣）等。但是，复合形式的意义并不是组成成分的组合，因为呈复合形式的下属层次范畴比组成成分具有更多的特征。如果人们想要解释复合形式意义的特征，就必须观察其语义框架。

第三章　英语语用能力与英语教学关系探讨

本章主要介绍了语用学与语用能力的关系及语用失误通过分析本族与非本族语者之间的语用能力差异，语用能力的培养方法，英语教学中存在的问题及其原因，英语语用教学的概念、必要性与设计，来探究英语语用能力与英语教学的关系。

第一节　语用学与语用能力的关系及语用失误

一、语用学与语用能力的关系

英国语言学家利奇认为，语用学是“一种人际修辞学”，其研究重点是“说话者和写作者如何实现交际目标”。也就是说，作为一名社会成员，他在完成交际目标的同时，还要尽可能关注和维系与其他社会成员的和谐关系。这一定义凸显了语言在维持人际关系方面的重要作用。利奇和托马斯把语用学分成两个部分：语用语言学（pragmalinguistics）和社会语用学（sociopragmatics）。前者研究的是用以传递交际行为和人际意义的资源库，包括直接和间接表达、语用规范等语用策略以及用以强化或弱化交际行为的各种语言形式；后者研究的是隐藏在交际参与者解读和实施言语行为背后的各种社会观念和规范。教会人们语言的功能是一回事，教会人们“得体地”举止是另一回事。“学习者语法熟练程度高并不一定意味着具有高水平的语用能力”。语言学家和语用研究者都看到了语用理论和语用能力的关系，在一定程度上也都认识到语用意识（pragmatic awareness）的培养和语用能力（pragmatic competence）的发展并非易事。

一般认为，海姆斯和哈贝马斯最早提出了交际能力（communicative competence）的概念，前者从语言人类学角度论述，后者则着重从社会哲学角度论述。在卡纳莱和斯温对交际能力的定义中，语用能力被称为“使用规则”（rules of use），为社会语言能力（sociolinguistic competence）的一个内容，交际能力的其他两个组成部分分别为语法能力（grammatical competence）和策略能力（strategic competence）。巴赫曼将语言能力分为语用能力（pragmatic competence）与组织能力（organizational competence），其中语用能力统领社会语言能力（sociolinguistic competence）和言外能力（illocutionary competence）。尽管语言学家们对交际能力的分类各不相同，但都认为交际能力至少包括两个部分：①语言使用者掌握的词汇、句法和语义语音知识；②在特定语境下语言使用者为完成交际任务得体使用语言的能力部分描述。从言语交际范畴来考察，二者辩证统一，在言语交际过程中相辅相成，共同促成交际的顺利进行。

人类的言语交际是一系列有特定目的和意图因素的组合。"交际不仅仅是一个孤立事件，即发生的事情，而是功能的、目的的，并且它会给听话人和说话人带来一定后果，即某种改变，尽管这种改变不容易被察觉"。在交际中，话语生成和理解过程受到诸如语境、社会因素、说话人心理因素等的影响，因此伯恩斯认为"交际能力中语用重要性不容低估"。大量日常语言的例子证明，只拥有语法能力，但缺乏语用能力极易造成交际失误。请看沃尔夫森提供的一个例子。

例 3–1

A：Your blouse is beautiful.

B：Thank you.

A：Did you bring it from China？

B：Yeah.

（A、B 均为女生，A 为美国人，B 为其中国同班同学）

交际中对说话人言语行为的辨别是语用能力的重要组成部分。在美国，社会地位相近的人常使用赞誉策略来打开话题。在例 3–1 中，说话人 A 先是称赞了 B 的衬衣，B 以"Thank you."回应，说明 B 意识到了 A 话语中的语力（illocutionary force），即辨认出陈述句"Your blouse is beautiful."的称赞功能，但未能识别其更重要的会话功能——展开会话。在此情况下，说话人 A 进行了第二次努力，即进一步询问关于衬衣的信息"Did you bring it from China？"，但 B 仍未能识别 A 话语的会话功能，仅仅将其视为询问信息的一般疑问句而回答"Yeah."。不难想象，说话人 A 两次尝试仍未能顺利启动会话会失望，甚至沮丧。

二、语用失误

（一）语用失误的内涵

语用失误一直是语用学研究的一个重要方面。托马斯认为，人们在言语交际中，只要听话人所感知的话语意义与说话人意欲表达的或认为听话人应感知的意义不同，就产生了语用失误。何自然指出："语用失误不是指一般遣词造句中出现的语言使用错误，而是指说话不合时宜的失误，或者说话方式不妥，表达不合习惯等导致交际不能取得预期效果的失误。"钱冠连认为，说话人在言语交际过程中使用了符号关系正确的句子，但不自觉地违反了人际规范、社会规约，或者不合时间、空间，不看对象，这样性质的错误就叫语用失误。对语用失误的研究表明，通常是在言语交际过程中，说话人和听话人对一个符号关系正确的话语的言外之力的实施和理解上出现了分歧，导致交际失败。语用失误既可能发生在相同文化背景下的交流中，也可能发生在不同文化之间的跨文化交流中。前者通常被称为语言语用失误，后者被称为语际语用失误或跨文化语用失误。

（二）语用失误研究综述

2002 年，孙亚和戴凌以"语用失误研究在中国"为题，对国内语用失误的研究成果进行了较为全面的总结。第一，国内学者的研究多局限于跨文化交际失误，把语用失误的首要原因归结为文化差异。在跨文化交际中，由于一方（或双方）对另一方的社会文化传统缺乏了解，交际双方各持不同的文化观点参与跨文化交际，从自己的文化角度去揣度其他文化背景的人，结果两种文化观念不能相互融合，就会产生文化冲突，出现不恰当的言行。第二，从外语习得的角度看，文化差异是语言使用中的干扰源，造成了负迁移，是产生语用失误的根源。吕文华、鲁健骥认为"由于学生的母语语用规则和文化因素是自幼习得的，已是他们的思维方式和行为准则"，对学习和使用外语形成干扰。第三，文化差异、母语文化因素和语用规则迁移必定反映在语言使用上，"跨文化交际的过程既涉及文化的规约又涉及语言的规约"。第四，吕文华、鲁健骥还从教学的角度解释了语用失误的原因。"我们的教学还没做到有意识地、有计划地、充分地反映汉语语用规则和文化，这片教学中的空白使学生的母语干扰成为可能。初级阶段的语言教学内容（语言所表达的意义和文化内涵）往往是非常简单的、粗线条的。但是，成年人要表达的思想却是复杂的、细微的。这两者之间形成了一对矛盾，是语用失误的一个根源"。对于如何对待语用失误与教学，孙亚和戴凌认为，要从根本上避免语用失误，还要结合外语教学，因为多数人是在课堂中学习外语的。就指导思想而言，教师应重视学生语用能力（包括跨文化交际能力）的培养，语言教学中应注意输入外语文化知识。教学内容方面，“英语教材和参考书似乎需要增加反映社会交际含义的材料的比重”；“一些语用原则必须列入教学内容”；“外语教师在教学过程中要特别注意教授以下方面的内容：特定的习俗化的语言形式；汉英实现言语行为和理解言语行为的差异；英语中的禁忌话题以及有损听话人面子的言语行为；汉英文化间谈话双方的主从地位或谈话双方的社会距离的差异；汉英文化价值观念和语用原则上的差异”。

（三）跨文化语用失误

么孝颖把跨文化语用失误界定为表达者和接受者赋予了同一个词汇语法上正确的话语以不同的言外之力而导致的跨文化交际中断。总的来说，跨文化语用失误就是语言使用的不得体。跨文化语用失误作为语用失误的重要方面，对英语翻译的负面影响甚大，值得重视，因此这里着重对其进行论述，其例子俯拾即是。例如，影片《魂断蓝桥》的英文名字是 *The Waterloo bridge*，直译是《滑铁卢大桥》。但是中国人大多熟悉 1815 年拿破仑兵败的那场滑铁卢战役，知道片中的伦敦滑铁卢桥的不多，在这种认知前提下，将《滑铁卢大桥》改译为《魂断蓝桥》，符合中国文化的审美心理，同时也点明了影片浪漫爱情悲剧的主题。还有一部影片英文名是 *The Bathing beauty*，我国将其译成了《出水芙蓉》，而非《洗澡美人》，这样就大大释放了影片的审美空间，强化了叙事的张力。另外，还有英国作家达芬妮•莫里哀的名著《Rebecca》，音译应为《瑞贝卡》，但在中国，得到广泛认同的却是《蝴蝶梦》。

文化的差异可以直接影响语言的交流，形成语用失误。例如，尽管客观世界中并不存在传说中的“龙”（dragon），但因有其肖像和相关描述，也同样在人脑里产生心理表征。中国人可从历朝皇帝衣服上龙的图案，从民间庆祝节日舞龙灯时龙的模型中认知龙。龙的图案和模型在人脑中产生图像的同时也赋予了这图像权力、力量，因而汉语有“龙飞凤舞”“龙凤呈祥”“龙腾虎跃”“望子成龙”等成语。在英语文化中，龙是能喷火的怪物，在中世纪是罪恶的象征，这与圣经中的传说故事有关，同上帝作对的恶魔撒旦就被看成大龙，圣徒以杀死龙而自豪。显然，汉语中“龙”的概念不能和英语中的“dragon”完全画上等号，否则会引起语用失误。英语和汉语中词语不等价的情况还很多，例如，“duty”与汉语中的“职责”不等值，还有“lover”与“爱人”“情人”，“politician”与“政治家”，“comrade”与“同志”，

“individualism”与“个人主义”都不完全等值，直接套用或翻译定会使交流错位，形成跨文化的语用失误。再如下例所示。例如，汉语中的“小菜一碟”和英语中的“a piece of cake”都可用来表示“轻松的”或“小事一桩”等意思，如果缺乏必要的语用知识，势必导致交际的失败。

在教学中，“Good morning，teacher Zhang”“Good night，teacher John”等类似称呼经常出现，从跨文化的角度来看，这显然也是一种语用失误。跨文化语用失误大多是由文化的差异造成，所以教学中如果教师不注重相关的文化介绍，就会导致所教语言不能达到预期效果，甚至给学生造成消极的影响。

第二节　本族语者与非本族语者的语用能力差异

尽管目前语用学界对于第二语言语用规则的内容和语用规范尚未有系统的论述，但很多学者基于实证研究探讨了相关内容，其研究的角度也纷繁多样。下面着重讨论本族语者与非本族语者在言语行为、会话含义和礼貌级别三个方面的差异。

一、言语行为的差异

从言语行为的视角，科恩发现本族语者（native speakers，NSs）和非本族语者（non-native speakers，NNSs）语用能力的差异包括三个方面：言语行为、语义程式和语言形式。就言语产出而言，布卢姆认为本族语者与非本族语者主要在话语社会可接受性、语言可接受性和语用可接受性方面存在差异。以下笔者根据巴尔多维的研究从四个方面讨论英语本族语者和非本族语者在语言表达和理解中的语用能力差异：言语行为的选择（choice of speech acts）、语义程式（semantic formulas）、话语内容（utterance content）和语言形式（linguistic form）。

（一）言语行为的选择

言语行为理论认为，语言除了具有描述功能外，还有诸如指令、承诺宣告等功能。也就是说，在日常生活中，人们使用语言来“做事”，例如用语言来提问、问候、致谢、道歉、拒绝、抱怨、请求等。语用能力就包括使用恰当的语言在特定的语境中得体实施各种言语行为。与本族语者相比，非本族语学习者在言语行为方面的语用失误主要表现在两个方面。

一方面，在特定的语境中未能实施预期言语行为。科恩和奥尔斯泰观察了本族语者和非本族语者之间在实施道歉这一言语行为中使用语用知识的差异。例 3–2 是他们提供的例子。

例 3–2

① Scenario presented to NNSs

You arranged to meet a friend in order to study together for an exam.

You arrive half an hour late for the meeting.

Friend（annoyed）：I' ve been waiting at least half an hour for you！

You：________________

② Transcript of role-play

Friend：I' ve been waiting at least half an hour for you！

Nogah：So what！ It' s only an-meeting for-to study.

Friend：Well. I mean-I was standing here waiting，I could' ve been sitting in the library studying.

Nogah：But you' re in your house. You can-you can study if you wish. You can do whatever you want.

Friend：Still pretty annoying mean-try and come on time next time.

Nogah：OK，but don' t make such a big deal of it.

Friend：OK.

上述语料来自一位以色列学习者和本族语者之间的角色扮演。从录音的转写中可以看出，本族语者认为此类场景需要实施道歉的言语行为，而非本族语者却未选择该言语行为，理由有两个：和同学见面讨论学习并不是什么重要的事情；让别人在自己的房间等候并不是严重地冒犯他人。因此，在会话中，以色列学习者表现出了极低的道歉的意向："So what！" "But you' re in your house..." "OK，but don' t make such a big deal of it."

另一方面，表现在同一场景中对同一目的实施与本族语者不同的言语行为。例如，在关于一场选课的讨论中，本族语者主要通过不断提出建议来引导讨论朝自己赞成的结果发展，而非本族语者更多使用拒绝接纳建议来使讨论结果与自己的意愿一致。导致这一差异的原因是多样的，但可能主要与学习者的母语和本族文化有关联，也就是说，学习者直接将母语和本族文化中的语用知识移用于外语学习中。

（二）语义程式

语义程式（semantic formulas）是指交际者在实施某一言语行为过程中使用的信息类型（the type of information given）。例如，奥尔斯泰和科恩认为英语中道歉的语义程式包括以下几部分。

①言外之力的指示手段，如 I' m sorry.

②对场景的解释或说明，如 The bus was late.

③表达应承担的责任，如 It' s my fault.

④保证此类事情不再发生，如 It won' t happen again.

其中①、②、③为道歉的语义程式必要成分，而④为选择性成分。很显然，要实施一个完整的道歉行为，说话人的话语需要同时按顺序满足至少①、②、③。部分，而非本族语者极有可能仅满足了所需语义成分中某一个或两个部分。

不同的言语行为有不同的语义程式。英语中投诉这一行为的语义程式包含：解释前来的目的 + 表达投诉 + 提供辩解理由 + 期待的解决办法。墨菲和诺伊研究了本族语者（14 名美国男生）和非本族语者（14 名韩国男生）在实施投诉行为时的差异。研究采用口头话语补全任务的方法，让受试者设想自己是一名遭遇了教授不公正评分的学生要到教授处进行投诉。研究发现，本族语者和非本族语者在实施投诉行为时对三个语义程式部分很一致，即解释前来的目的、提供辩解理由和期待的解决办法，但对体现投诉行为的重要语义程式部分，即表达投诉部分有明显差异，如下例所示。

例 3–3

①I think, uh, maybe it's my opinion. Maybe the grade was a little low.（NSs）

② But you just only look at your point of view and, uh, you just didn' t recognize my point.（NNSs，Ll Korean）

墨菲和诺伊的研究发现，所有 14 名本族语者受试者都使用了投诉（...maybe the grade was a little low），而大部分的非本族语者（9 名）使用的却是批评（...you just didn' t recognize my point）。

（三）话语内容

语义程式指的是信息的类型，而话语内容则指说话人用以填充语义程式的信息内容。同一语义程式可以用不同的话语内容来充实，比如表达致歉，可以说“I am sorry.”，也可以说“I am terribly sorry for what I have done.”或者“I do apologize.”，等等；而表示感谢，可以用“Thank you.” “I am very grateful to your help.” “I would like to express my gratitude to my professor.”等。毕比、高桥和尤利斯 • 韦尔茨发现，在使用相同语义程式情况下，英语本族语者和第一语言为日语的非本族语者在实施拒绝邀请言语行为时填充的话语内容也不一样。在拒绝邀请时，来自美国的本族语者往往提供更为详细的解释，比如“I have a business lunch that day.”；相比之下，来自日本的非本族语者提供的解释极为含糊，如“I have something to do.”。他们还提供了一个极为生动的例子说明日本非本族语者给出的模糊解释，一位受试者在拒绝邀请时给出的理由是“I have to go to a wedding.”（我不得不去参加一个婚礼。），研究者们一度对此原因困惑不已（参加婚礼通常是出于自愿并是件令人愉快的事情），结果数周后研究者才发现原来这个婚礼是这名女士自己的婚礼。

（四）语言形式

本族语者与非本族语者语用能力的差异的第四个方面是使用的语言形式不同，也就是说，两者使用不同的语言手段表达同一言语行为。有研究表明，在关于选课的讨论课上，在提出建议时，本族语者大量使用缓和语词，而非本族语者少用或根本不用；同时，非本族语者大量使用本族语者不使用的强硬语词。如下例所示。

例 3–4

① Perhaps I should also mention that I have an interest in sociolinguistics and would like，if I can，to structure things in such a way that I might do as much sociolinguistics as I can.（NSs）.

② I have an idea for spring. I don’t know how it would work out，but...（NSs）

③ In the summer I will take language testing.（NNSs）

④ So，I，I just decided on taking the language structure.（NNSs）

二、会话含义理解的差异

在言语交际中，人们所表达的远超话语的字面意义。也就是说，生活中很多话语包含言外之意。在积极参与意义建构的过程中，听话人必须运用推理通过字面意义获取说话人的含义以使交际顺利进行。对会话含义的理解也是语用能力的一个重要部分，如下例所示。

例 3–5

Father：Where is your coat？

Five-year-old son：It’s on my bed.

Father：When I asked where your coat was，I meant you had got to put it on as we are going out.

对话中的父亲询问五岁的儿子他的外套在哪？孩子回答：“在床上。”显然孩子并没有明白父亲的会话含义，正如父亲随后解释的：他询问孩子的外套并非是要弄明白外套放哪里了，而是意在让孩子把外套穿上，因为他们要出门了。

卡斯珀和罗丝认为，非本族语者在学习外语时更容易只从字面上解读带有会话含义的话语，从而造成语用失误，如下例所示。

例 3–6

A：You' re in such a good mood today that I almost had no heart to tell you that your history paper is due tomorrow. Sorry，it slipped my mind yesterday.

B：That' s just what I' d rather you didn' t tell me，although at least now I don' t have to decide whether or not I can go out tonight.

例 3–6 中 B 的话语字面意义是宁愿 A 不告诉他明天要交历史论文的事好让他现在至少不用决定晚上是否外出。要解读该话语，理解 B 的字面意义是不够的，听话人必须能捕捉 B 这样应答 A 的言外之意：他为了完成论文不得不放弃出去玩的想法了。

三、礼貌级别与策略

语言的功能与常识和普遍礼貌分不开。根据礼貌原则，人们在交际中遵循策略准则、宽宏准则、赞扬准则、赞同准则和同情准则。语言礼貌是说话人有目的地选择语言手段、维系友好和谐人际关系的行为。礼貌涉及交际双方的心理、认知和特定的社会文化环境，同时还受到双方年龄、社会距离、社会地位和价值取向等因素影响。礼貌不是一个静态的概念，在一个语境中礼貌的表述很可能在另一个语境中被视为不够礼貌，如下例所示。

例 3–7

① Close the windows.

② Can you close the windows？

③ Will you please close the windows？

④ Would you close the windows？

⑤ Would you please close the windows？

⑥ Would you mind closing the windows？

上例中，①—⑥的礼貌程度是递增的，但这不意味无论什么时候都是使用越礼貌的表达越好，如对待很亲近的家人时用反而会让对方误以为有隔阂，让听的人感到别扭。如何识别由于文化和种族差异导致的礼貌等级和策略的差异是非本族语者在发展语用能力时的一个难点。

第三节　英语语用能力培养方法

一、帮助学生树立自信心

在语用能力的培养上，教师首先要帮助学生树立自信心，以提高和强化他们的学习动机。对此，教师可以从以下几个方面入手。

第一，建立良好的师生关系。师生之间的相互理解、相互包容是减少压力、焦虑，保持课堂和谐氛围的基本条件。教师应热情、平等、宽容地对待学生，在课堂上多给予学生表扬和鼓励，保护其自主性，帮助其树立自信心。

第二，帮助学生克服“自己不如别人”的心理。教师应尤其重视自卑心较重的学生，帮助他们发现自己的强项。

第三，重视学生的个体差异，帮助学生建立明确的学习目标。过高的目标容易使学生感到目标高不可及，从而增加学生的学习焦虑。过低的目标又不能调动学生的学习热情，使他们觉得没有挑战性。因此，教师应采取循序渐进、及时反馈的方法来引导学生。

第四，利用小组讨论，采取合作学习法。合作学习法将学习者置于传统课堂教学环境中教师的角色上，有助于学习者发挥主导者的作用，大胆地表达他们的想法。这样，那些自我意识过强、害羞、心理不安或对学习缺乏兴趣的学生容易放下思想包袱，以较轻松的心态参与活动中。小组活动能使学生产生归属感和认同感，并可以在低焦虑中交际互动，从而增强学生学习动机，使学生树立自信心和自尊心。

二、营造轻松和谐的课堂教学氛围

健康愉快的氛围能将消极情感因素转化为积极因素，从而提高学生外语学习的效率。这就要求教师首先要有正确的教育、教学理念，以平和的心态面对学生，尊重他们的人格、兴趣和爱好。只有这样，学生才不会对教师有畏惧心理，才能避免产生不必要的焦虑。另外，教师要给学生提供合作性的课堂学习活动，以增强学生的学习动机和兴趣。可以通过分组讨论或辩论等教学形式来激发小组活力，营造积极的课堂氛围。教师在课堂上应尽量避免进行易使学生产生消极情绪的教学活动，如实施一些低于或高于学生实际能力的教学计划等。教师还应把握纠错的“度”，采取恰当的纠错方式，尽量避免让学生感到课堂是他们暴露缺点的地方。

三、降低考试焦虑，改进考试方法

考试在一定程度上会让学生感到有压力。萨拉森认为在考试时，有焦虑感的学生常常会有认知干扰，很难集中精神做完手头的试题。不少考生都有考试焦虑的体验，过大的压力所产生的焦虑会严重挫伤学生学习语言的兴趣和信心。因此，教师应采取明确的、学生熟悉的考核手段来评价学生的成绩，消除学生的焦虑情绪。因此，在考试前，教师要有针对性地对学生进行心理疏导，尽量避免学生因为考试而焦虑，使学生的真实水平不能客观地反映出来。教师还应适时改进英语考核方式，采用高信度、高效率、合理、全面的测试手段，测试出学生的真实水平。

第四节 英语教学中存在的问题及其原因分析

一、我国英语教学存在的问题

我国学生将大量的时间和精力都投到了英语学习中，但是，我国学生英语的整体水平不高。虽然目前各高校英语教学条件、设施都得到了较大的改善，学校领导、教师及学生都付出了较大努力，但始终没能获得应有的成果。学生头上始终戴着“聋人英语”“哑巴英语”的帽子。另外，对不少学生来讲，学习英语的目的多是应付全国英语四、六级考试，一旦过关就把英语抛到脑后。当然也有一些学生对英语学习非常重视，将大量精力放在英语学习上，甚至抛下了专业课。学生即使花费了不少时间，但是真正遇到外国人时还是说不清，别人也听不懂，种种问题的确是很让人无奈。

学生英语水平普遍不高与英语教学的方式有很大关系。在课堂上，教师一直讲，学生一直闭口听、记笔记，却害怕开口、害怕提问。下课后，学生也只是背单词、背笔记、做机械性的训练。这种完全没有启发式的教学使得学生既无法提高对英语学习的兴趣，也无法提高英语学习的成绩。

二、我国英语教学存在的问题的原因分析

（一）应试教育的影响

应试教育与素质教育的根本区别在于“考试观”的不同。考试主要具备两种功能：评价功能和选拔功能。在“应试教育”思想的长期影响下，人们更加看重考试的选拔功能。比如，大学英语四、六级考试早已成为大学英语教学的指挥棒，通过率的高低是评价学校及教师优劣的个主要标准。这又使四、六级考试的应试性特点得到了强化，使得考试失去了其应有的作用，提高学生英语应用能力的目标得不到落实。事实上，语言学习应该做到：多听、多说、多读、多写，特别是多背。语法知识固然很重要，但获得外语的“语感”

更加重要，这就需要背诵。没有背诵，也就失去了英语学习的“脊梁骨”。学生不仅要背单词，更重要的是要背诵课文。而英语四、六级考试的题型主要是选择题，因此学生将大量的时间花在了背语法、词汇，做大量模拟试题上。学生更加看重答案的标准性、唯一性，不愿意诵读课文，忽视了课堂上的讨论和交流从而在心理上很排斥交际活动，过分依赖教师的讲解，逐渐丧失了思考、质疑、创新的能力，虽然具备了较强的应试技巧，但交际素质很低。

（二）教学模式与方法单一

目前，我国英语的教学模式存在呆板和落伍的问题，主要体现在两个方面。

一方面，我国的英语教学仍沿用传统的模式。在英语教学中，教师不但要向学生传授必要的语言知识，而且应该启发和引导学生运用所学知识进行广泛的阅读和其他交际等实践活动。但是，在相当长的一段时间里，我国的英语教学一直都采用“书本加黑板”的教学模式。这种模式不仅忽略了教与学之间的关系，而且忽略了英语教学根本目的是要培养学生的交际能力。此外，学生出现了独立运用语言能力差、对教师依赖性强、“高分低能”等现象，造成很多学生“只会考试、不会实践”。

另一方面，教学手段单一落后。随着现代技术的发展，在教学中出现了很多现代化的教学手段，使学生可以在更广泛的范围内接触和学习英语。但从实际情况来看，现代教育技术在英语教学中的应用还是不够。尽管一些学校使用了诸如多媒体、网络等教育手段，但实际效果并不理想。一是学生数量多与现代化设备相对少之间的矛盾，使学生缺乏多媒体学习环境；二是与学校乃至英语教师本身不重视现代教育技术的真正作用，致使很多现代化教育设备无法发挥其训练和实践的功用有很大关系。

（三）教材选择存在弊端

教材在很大程度上决定着课程的教学目的和教学方法，因此，对于任何一门课程而言，教材的设计和选择都非常重要，甚至决定了这一门课程教学的成功与否，英语教学也不例外。

目前，我国非英语专业的大学英语教材在内容选择上重文学、重政论，忽视了现代的实用型内容。改革开放以来，社会许多领域都得到了较快的发展，但是外语教学却止步不前。特别在教材上，教材内容已与现代社会脱节，教材设置目的已不能满足现代外语教学的需求。

自 20 世纪 90 年代以来，虽然我国引进了和英美国家合编的或原版英语教材，并在我国本土教材的设计上有了较大改变，教材内容基本属于英美文学，其中不少选文出自名家，但是这些教材只追求“可教性与可学性”，而忽视了实用性，学生从课本上学到的知识没法在社会交际中得到应用，从而渐渐失去对英语学习的兴趣。

（四）忽视文化教学

各国文化都是博大精深的，要学习一门语言就要掌握该语言中的各种文化，而教师和学生的精力都很有限，不可能掌握所有的文化内涵，因而就要有所取舍。对于我国学生而言，主要有三个方面的文化影响着其交际活动：①语言的文化内涵；②中西文化习俗、行为规范等方面的异同；③中西文化价值观的异同。然而，我国的教师和学生都认为学好英语就要学好语音、语调、语法和词汇等知识，事实上，即使掌握了这些知识，如果不了解中西文化的差异，仍然会影响交际活动的开展。

由于我国教师和学生对英语学习的误解，教师的“教”和学生的“学”都把重点放在了语言知识上，而忽视了英语文化的学习。这就导致学生在和外国人交际时常出现各种误解和麻烦。例如，一些学生习惯用姓称呼外籍教师，常使外籍教师很不满。因为，在英语国家用姓作称谓的情况只限于几种少数情况（如监狱看守对囚犯的称呼、教练对球员的称呼等）。而称呼教授一般采用“professor + 姓”的结构。语言是交际的工具，如果不了解各种语言所承载的文化，不了解各文化间的差异，就很难顺利地进行交际。文化差异的存在，常常使跨文化交际失败。因此，教师在英语教学过程中，除了要强调听、说、读、写等技能的提高外，还要帮助学生了解西方文化，让学生了解中西文化上的差异，从而促进跨文化交际的开展。

第五节 英语语用教学的概念、必要性与设计

一、语用教学的概念及必要性

（一）语用教学的含义

与语用学的习得观一样，人们对语用学的教学观也存在着两种不同的理解：一种是教师应教语用学知识，即将语用学的基本观点与主要理论教授给学习者，让学习者自己在第二语言学习中贯彻语用学理念，培养语用意识；另一种是教师本人以语用学的基本思想为指导，选择合适的教学内容，制订合理的教学方案，采用恰当的教学方式来促进学习者第二语言语用能力的发展。前者强调的是语用教学中的“学”；后者则强调语用教学中的“教”。

笔者认为，语用教学是以语用学的理念为指导来实施语用教学的，因此关键应在教师的“教”这一环节。但同时教师也应关注“学”的重要性，即将语用学的相关理论告诉学习者，达到事半功倍的效果。语用教学的最终目标是帮助学习者获得语用知识、提升语用意识和发展语用能力。

（二）语用教学与语言教学的区别

语用教学在目标、内容和方法等方面与传统的语言教学有着很大的不同。传统的语言教学以词汇知识、句法结构、语法知识等语言内部结构为内容，以产出正确、流利的句子为目的，采用的教学方法是死板的规则讲解，学习者死记硬背各种用法，偶有练习也是僵硬的课堂对话，并不能很好地将课堂所学真正地应用到现实交际中。语用学强调语境中语言使用的得体性，以言语行为、会话含义、互动语篇为教学内容，以产出合适、得体的语用行为为目的。语用特征不像其他语言知识那么容易被准确地描述，而且有些语用规则是潜意识的，即便是本族语者也只有当自己违反时才可能会意识到这些规则。因此和语法、词汇教学相比，语用教学在20世纪七八十年代较少受到关注，这和长期以来结构主义强调语言而知识忽视交际能力的语言观以及语用学本身的性质有关

（三）语用教学的必要性

传统观点认为，语用能力会随着语言语法能力的发展而发展，因此不需要专门的教学干预。也有人提出，非本族语者确实可以不经刻意学习而获得大量的第二语言语用知识，因为有些语用知识是具有普遍性的，还有一些是从母语中成功迁移而来的。此外，如果母语和第二语言之间有相应的形式与功能匹配，并且这些形式也可以用在相应的第二语言环境中，取得相应的效果的话，学习者也可以自由获得一些语用语言知识。学习者社交语用知识的习得也可以从正迁移中实现。比亚韦斯托克也认为，成年第二语言学习者已经具有了一定的第二语言语用语言和社会语用知识，在发展具体的第二语言语用能力上，成年学习者应该能够在先前知识的基础上广泛发展第二语言语用能力。然而让人遗憾的是，学习者似乎并没有意识到这些。教育心理学的研究表明，学习者并不一定会把自己已经习得的知识和策略迁移到新知识的学习中去。学习者对其母语语用知识和普遍语用知识也是如此，不会轻易将其迁移。可见，即使成年学习者拥有大量的语用信息，他们也并不一定会合理利用这些信息。因此，教学干预的作用在这里就显而易见了，教学干预并不一定要为学习者提供新的语用信息，而是要让他们意识到自己已经具有了哪些知识，并鼓励他们使用普遍语用规则或将母语语用知识迁移到第二语言

环境中去。但是，相关研究表明，第二语言与母语在很多语用特征上有着相当大的差异，普遍语用知识或母语知识有时候不仅不会有助于第二语言习得，相反地，还会阻碍第二语言语用知识的习得，进而导致实际交际过程中的语用失误。因此，语用教学不仅要让学习者意识到两种语言的共同点，更要让他们知道两者之间在语言形式与语用功能上的差异。另外，语法能力和语用能力的发展和内化是相互独立的。即使学生的语言功底非常扎实，在真实的跨文化交际环境中，他们牢固的语言知识并不能被有效地激活和调用，学生的交际能力无法与他们的语言知识相匹配。因此，需要专门的教学干预来培养和发展第二语言学习者的语用能力。

国内外语教学的现状和存在的问题凸显了进行语用教学、提高学习者语用能力的必要性。在我国把英语作为外语学习的环境下，真实的语言环境相对贫乏，课堂语用输入（pragmatic input）显得尤为重要。研究表明，和第二语言环境相比，第二语言环境中缺少足够的目的语输入和接触，学习者的语用能力发展相对较慢。因此，通过课堂教学，增加语用输入，可以提高学习者的语用意识，培养其语用能力。但是长期以来，我国外语教学界一直强调对语言系统的教学，对语言的运用不够重视，忽视了语境和交际能力的重要性，因此导致学习者的语用能力长期滞后。调查显示，学生的语用能力和语言能力不成正比：语言能力强的人，语用能力不一定强。即使学生的语言基础十分扎实，但在真实的跨文化交际环境中，“他们牢固的语言知识并不能被有效地激活和调用，学生的交际能力无法与他们的语言知识相匹配”。由此可见，课堂语用教学能够让学习者更好更快地意识到目的语的语用特征及其使用规则，比单纯地接触目的语更有利于第二语言语用能力的发展。

二、语体分析在英语教学中的意义

有研究者提出语体分析似乎与外语教学不相关，无法被运用到外语教学的课堂中。对此，斯韦尔斯做出回应，他认为语言学习者要想在特定的领域进行交流，首先要懂得该领域语篇规约，语体研究的成果可以作为教材编写以及课堂活动安排的依据。他认为提高对语体理解的关键不是在课堂上规定写作的标准，而是将课堂转化成“一个跨学科的实验室”，课堂中提出各类语体及其特征供学生进行讨论，由学生将这些语体特征再运用到一定的语境中。斯韦尔斯认为，语体分析法的灵活性特别适用于解析当前语体的整合和动态变化，也特别适合当前日新月异的课堂教学。从斯韦尔斯的回应中可以看出语体分析在大学英语课堂教学中有较大的作用，大学英语得到各界人士的关注，近年来有关大学英语教学的研究可谓“百花齐放，百家争鸣”。随着各类研究成果的涌现，人们的观点趋于一致，认为语言是人类最重要的交际工具，也是最重要的思维工具之一。学习外语是为了了解世界、参与跨文化交际，而学习外语的过程就是懂得各行各业语言表达的过程，也是提高人文精神和素养的过程，两者相辅相成。当学习者的语言能力处于初级或中级阶段时，外语学习的主要目标是掌握基本的交流技能，提高综合素质；当学习者的语言能力到达高级阶段后，学习者主要应通过外语学习专业知识或进行文化交流。无论处于哪一个阶段，语体分析都可以帮助学习者实现其目标。

从国家发展战略出发，束定芳对各类高校英语教学目标定位提出建议，将英语课程分成基础英语课（EGP）、职业英语课（EVP）、学术英语课（EAP）或专业英语课（ESP）、以英语为媒介的教学课（EMI）四类。其实，无论是国内还是国外，外语课程不外乎这四类。在四类课程中，其中 EVP、EAP 或 ESP 课程是语体分析法运用的最典型的课型。至于 EGP 和 EMI 课程，如果采用以语体分析为教学方法，以培养学生的思辨能力为目标，教学能达到事半功倍的效果。

三、英语语用教学设计

随着语用教学一系列基本问题的不断明确，越来越多的研究者开始关注如何组织具体的课堂教学，包括确定教学对象，选择教学材料、教学方法与手段等。

第二语言习得研究者曾宣称，单一的可理解的输入并不能保证学习者的习得和输出，互动和输出的机会、对相关输入的注意程度和有益的反馈都会对语用知识的习得产生影响。施密特认为，仅仅接触社会语言恰当的输入还不够，对具体语用语言特征和语境特征的注意，是语用输入变成有效的习得而后成为恰当语用表现的必要和充分条件。他也提出了一种通过采用提升自我意识的认知方法来教授语用学的显性教学方法。显性教学意味着增强学习者对目标语具体语用方面的意识。罗施谈到语用教学的现实目标是提升学生对语言中语用功能的意识，而不是把这些复杂规则全部教给学习者。卡斯珀也注意到语用教学的主要目标是提升学习者的语用意识以及给他们提供在目标语中互动的机会。戴炜栋、杨仙菊，何自然，刘绍忠也指出应对不同语境以及恰当运用语言的敏感和意识是语用能力的两个非常重要的方面。罗丝引进了视听互动活动，他的研究表明，运用语用意识自我提升的教学方法对于学习者语用能力主要方面的提高有明显的优势，而且不管是本族语老师还是非本族语老师都可以运用这种方法。

笔者在上述观点的基础上以言语行为为教学对象提出了显性课堂语用教

学的4个阶段：①元语用信息讲解；②提供真实语境输入；③练习；④及时反馈。在实施语用教学前，教师可以对学生的语用能力进行一次诊断性测试。教师应在评测结果的基础上设计教学内容和教学过程。

（一）元语用信息讲解

确定教学目标后，教师首先要提供必要的元语用信息，使目的语的语用特征凸显出来，从而引导学生注意这些语用特征，提高他们的语用意识。元语用信息应该包括语用语言知识和社交语用知识两个方面，涉及言语行为的语言表现形式、语境特征以及社会文化特征等。教师应提供相关言语行为的讲义、讲稿，讲解它们的具体功能和用法。在提供元语用信息时，教师还应注意语用信息的质和量，包括语用信息的真实性和正确性以及提供多少元语用信息等。完成语用信息输入后，教师可提供或设置大量真实的语言使用示例和环境，如目的语影片或短剧等，培养学生的语境意识。

（二）提供真实语境输入

提供元语用信息和真实的语境输入都属于语用输入。施密特概述了对注意有巨大影响的3个因素，即频率、凸显和教学。在这两个阶段中教师陈述属于教学，影视片段学习目的在于使目标语言语行为突出，主要目的是增强学习者目的语运用的敏感性和增强他们的语用意识以便把语用输入变为语用知识。通过教师对元语用信息的陈述以及对话样本的试听，学习者语用知识可以得到积累，语用意识得到提升。

（三）练习

任务型语言教学是课堂环境下发展语用能力的有效方法。教师可以给学习者布置任务以便使学习者注意到一定的语用形式、功能和社会背景。两人对话（角色扮演）、小组活动、教师与学生对话等都可以提供互动的机会。就如卡斯珀和罗丝认为的那样，互动能力应该同时是第二语言语用习得的过程和目的。向学习者提供大量的互动机会不仅是教师必须做的，而且这也体现了课堂环境的优势。巴尔多维・哈利格和马汉・泰勒认为，课堂对于学习者来说是个理想的场所，在课堂中学习者能够观察到一些言语行为，而这些言语行为经常发生在现实生活环境中，同时课堂对于学习者来说是个安全的地方，学习者能在课堂上练习各种各样的语用行为。这些课堂活动对于学习者把已经掌握的语用知识转变成恰当的语用表现有巨大的作用，因此，教师应向学习者提供练习机会使他们能够发展控制策略。功能性的练习使学习者在受控的过程中把他们的语用知识转变成语用表现。学习者语用表现是否恰当取决于他们是否能够在一定语境中把他们的注意力转移到有意的解释，以及选择最令人满意的语言形式上。因此，英语学习者为了促进语用能力的发展，他们应该学习大量的英语语用知识，然后把已经学到的英语语用知识转变成他们的能力或者练习过程中真实的语用表现。这就是为什么卡斯珀主张向语言学习者提供丰富的学习机会以便促进他们的语用发展或第二语言/外语的学习。事实上，把语用知识转变成能力的过程是对英语语用知识转变成真实语用表现过程的控制，这种控制过程的实现是通过向学习者提供充足的练习机会实现的。

（四）及时反馈

作为课堂教学必不可少的步骤，反馈在语言习得中的作用不可忽视。教师必须经常为学习者提供有关他们学习情况的反馈。反馈可用不同的方式提供给学生。教师尤其应该重视纠正性反馈和课堂讨论（包括学习者之间的反馈）的作用。纠正性反馈是一种有效的后续活动，它使学习者的注意力再次转移到语用规则上，而且它增强了学习者的语用意识。纠正性反馈主要指的是教师的反馈，教师可以采用改写、重复或者显性改正的形式。

国内对语用教学的研究仍处于起步阶段，多集中在对语用失误和语用能力的现状调查和原因分析上，很少涉及不同的教学方法在语用能力培养中的作用，更缺乏长期的对语用习得规律的研究。虽然有研究者强调在教学中增强语用意识，但是尚未有人提出系统的、有效的课堂教学措施。另外，尽管不少研究提出了语用教学的具体建议，如强调在课堂上融入语用教学、进行文化教学、重视语境因素等，教材中也不同程度地呈现了一些目的语语用特征，但是都没有明确强调元语用知识的重要性，更缺少对课堂语用教学实践的研究。

第四章　会话含义与英语语用教学

会话含义的概念是英语语用学中最重要的概念之一。基于美国哲学家格赖斯的理论，会话含义是语用学的核心内容，在言语交际中起着非常重要的作用，占有重要地位。而现如今的英语教学又侧重英语“语用”“文化”的教学。会话含义理论从古典格赖斯理论发展成为新格赖斯理论，在不断地得到完善，所有这些理论主要都是针对语用。语用会使会话含义与语言交际变得生动而丰富多彩。

第一节　会话含义的主要理论

一、会话含义理论背景

格赖斯于 1967 年在哈佛大学的讲座上作出的题为《逻辑与会话》的演讲中指出：人们会话时广泛使用省略、指代以及大量字面意义与会话主题不相关的词语和句子，却并不影响会话双方的相互理解，是因为在会话中人们相互配合，都有着一个目的或一组目的，这种达到共同目的的倾向被称为“合作原则”。格赖斯借鉴康德的哲学范畴说明了会话含义是想用形式化的规则体系，将人类独特的话语能力纳入形式逻辑的框架。他的这一理论与同一时期英国哲学家奥斯汀的言语行为理论有某些相似之处。美国哲学家塞尔进一步发展了奥斯汀的理论，明确指出通过说出句子所做的言语行为就是句义的功能。研究句义与研究言语行为不是两个独立的研究，而是从两个不同的角度所做的同一研究。会话含义和言语行为理论一样，是 20 世纪中叶哲学上所谓的哲学语言转向的一个表现。这一转向是当代学科相互交叉、相互渗透趋势的必然结果。格赖斯的会话含义带有形式逻辑推论的浓厚色彩，探讨的是人类普遍的话语交际能力中的暗示、推理机制。他的会话含义理论跨越哲学、心理学和语言学等学科范畴，超越了语音、音位、词素、句法、句义等传统的语言学研究，这无疑是一种新的学术探索尝试。奥斯汀和塞尔的言有所为理论的规约、非规约间接言语行为理论及其所提供的哲学思考，为日后格赖斯的会话含义理论的提出奠定了理论基础。

二、会话含义的主要理论

格赖斯在20世纪60年代提出的会话含义理论完成了从意义到含义的过渡。格赖斯的会话含义理论及相关的合作原则被称为“古典格赖斯会话含义理论”。

由于古典格赖斯会话含义理论并不完美，存在着一定的缺陷，所以，学者们经过不断的探索，提出了两种不同的改造和重构会话含义理论的新思路：一种是将合作原则的各准则具体化，主要是将量原则具体化，以荷恩、列文森在这方面的建树为主要代表；另一种是由斯珀波和威尔逊提出的，他们主张用“关联原则”代替“合作原则”。

（一）合作原则

1. 合作原则的内涵

合作原则是会话含义的基础与核心。要想搞清楚会话含义就必须先了解合作原则。在日常社会交际活动中，人们在相互交流中总是顾此言彼，含蓄地表达自己的用意，可这些交流并没有中断，还是顺畅地进行着。为了解释发生在言语交际中“顾此言彼”及“言外之意”的现象，格赖斯提出了合作原则，即人们可以建立一种谈话双方都可以遵循的大致的原则：不管是在谈话过程中的哪个阶段，言语交流的双方都应该按照交际目的或方向的需求，做出自己应有的贡献，这就是合作原则。格赖斯认为，为了促使言语交际过程中交流的顺畅进行，谈话双方需要有一个共同的目标，至少要有一个大致方向。这个共同的目标既可能明确于谈话初期，又可能是在交际的过程中慢慢确立的。为了保障交际的顺畅进行，人们总是有意或无意地为了同一个目标做出自己的贡献，在此期间，双方都默契地维持着一种合作态度。合作原则是交际双方在交际过程中始终遵守的基本原则，它是一种描述性的原则。合作原则说明交际双方谈话的信息是怎样被给出的，可以使听话人更深刻地理解说话人所要表达的意义，并不是规定或者指导人们怎么去交流或者谈话的原则。国内学者胡壮麟先生说过这样一句话：“合作原则从某种视角来看就像是一种不成文的约定。”在胡壮麟先生看来，交际过程中人们就像遵守日常生活习惯一般，如同发生灾难时，人们总是会先救妇女和幼儿一样。所以，人们在交际过程中对遵循合作原则就像是一种习惯。因此，合作原则是一种受到默认且人们能够自觉遵守的描述性的原则，它可以使人们所要表达的意义得到更深一步的理解。

2. 合作原则的具体准则

从格赖斯的角度来看，合作原则中的具体准则包括四条：数量准则、质量准则、关系准则和方式准则。

（1）数量准则

数量准则指说话人提供的信息数量，它包括如下两方面内容：①公开的话 语应该包含的信息内容和交际目的的要求；②公开的话语不应包含的内容超出了需求的信息会产生很大的影响。太多数量信息内容可能会导致出现新的问题，然后听话人就会有错误的想法。信息数量太少会导致听话人产生困惑，不能继续谈话。因此，谈话过程中必须提供适当数量的信息。

（2）质量准则

质量准则是指话语内容是真实、可信的。它要求说话人做到以下两点：①不要说不真实、不切实际的话；②不要发表缺乏足够证据的言论。谎言基础上的对话是没有任何意义的，因此，对话内容的质量成为对话的先决条件，这也是最重要的会话准则。

（3）关系准则

关系准则是指谈话的内容与会话目的的关系，这个准则很简单明了。然而，当格赖斯提出这一箴言时，他意识到一个问题关系的准则很难被定义，关系准则同时也吸引了许多语言学家的注意，被认为是解释交际理论原则的基础。

（4）方式准则

方式准则是指谈话应该条理清晰和明确。它由四个方面组成：①话语不是模糊或难以理解的；②话语不是模棱两可的；③话语没有不必要的或琐碎的细节；④说话人有适当的安排。前三个方面与会话的内容相关，都是指“说什么”。然而，第四个方面是与会话方式相关，它指的是“怎么说”。

在合作原则中这些准则非常重要。一般来说，人们的谈话应完全遵守合作原则。然而，在实际交流中人们总是有意无意地违反合作原则。一般来说，说话人不遵守一条准则可能导致听话人混淆或误解说话人的意思。然而，如果说话人和听话人有共同的经验和知识，那么说话人违背了一条准则也不会导致听话人的误解或困扰。

3. 会话含义理论与合作原则的关系

格赖斯认为，如果人们在交谈时，交际双方都遵循了合作原则的四条准则，那么他们可以进行效率最高、最合理的语言交际。然而实践却正好相反，就像人们所亲身感受到的，很多时候，人们的交谈并没有采取一种很直接的方式，人们在间接地表达自己的思想。在这一点上，格赖斯自己也察觉到了，于是在合作原则的基础上，他提出了会话含义理论，他认为合作原则和会话含义理论正是相互支撑的，合作原则是会话含义理论的基础，而会话含义理论反过来又补充和完善了合作原则，并解决了合作原则不能解决的问题。

在会话含义理论中，格赖斯首先讨论了形式语言与自然语言的不同之处。他认为形式语言是无法用于解释自然语言的。在自然语言中，话语所表达的意义一般可分为两种：一种是说话人所说出的话语所表达的字面意义；另一种则是说话人通过说出的话语想要传递的字面意义背后的意义，即“会话含义”。格赖斯的会话含义理论正是以这种“会话含义”为研究对象的。格赖斯还分析了合作原则与会话含义的关系，具体而言，他通过分析人们对于合作原则的违反情况，进而从产生会话含义的现象入手，展开讨论。

他具体分析了四种违反合作原则的情况：第一种，说话人对于合作原则的不明显的违反情况；第二种，说话人根本不愿意遵循合作原则，不论其他人说什么，他都不愿意加入交谈中，以示“无可奉告”的态度；第三，说话人也可能面临一种冲突，若要遵循一项准则，则会违背另一条准则；第四，说话人公然不执行某一条准则，而且他还想让听话人知道他违背了一条准则。对于上述四种违背情况，格赖斯认为除了第二种情况以外，其余三种均能产生会话含义。

总而言之，对话的双方在遵循合作原则的基础之上，可以进行有效的对话和交流，获取到各自想要的信息和资料。同时，在违反对话合作原则的情况下，对话双方也可以进行交流和对话，只不过带有了一定其他的意味在里面，也就是说，双方的对话之中蕴含了一些语法的修辞成分，以达到一定的效果和目的。

会话含义理论和合作原则丰富和指导了人们的对话交际，听话人不但能够了解到说话人本来的所指含义，而且能了解到他（她）话语中潜在的含义，这是人类特有的一种能力和属性。人们经常说的能言善辩者就是把这种能力和技巧发挥到淋漓尽致的聪明者，会说话的人就是在实践中能够娴熟地运用这些理论和原则，来指导自己的对话和言语交际，从而达到自己所期望的效果。话语分析的重要性正在语言学界得到越来越多的关注，相信它对人类的发展也会有所贡献。

（二）荷恩两原则

荷恩在 1984 年发表了《语用推理新分类初探——基于 Q 原则和 R 原则

的会话含义》，首次提出将格赖斯合作原则的四准则改为两原则，两原则互为前提条件。两原则分别是Q原则和R原则。Q原则是指诱发上限会话含义，即说话人说得尽可能多并且话语要充分，也可称为下限原则；R原则是指诱发下限会话含义，即说话人说出的话语应该是必要的，不说多于所要求的废话，也可称为上限原则。

人们在交际中总是倾向于用最经济的话语来表达最充分的信息是“荷恩两原则”的核心思想。也就是说，在Q原则中，说话人提供了最大信息量，听话人的理解范围不能超过说话人话语的上限意义；根据R原则，说话人提供的信息量小，听话人对说话人话语的理解需要超越其上限意义。换句话说，在Q原则中，说话人说出话语A时，就为听话人限定了一个理解话语的上限；相反，在R原则中，说话人说出话语A时，又为听话人限制了一个理解话语的下限。简单来讲，Q原则规定了说话人说出A，话语意义的极限就是A；R原则规定了说话人说出A的时候话语意义不仅仅是A。这应该是话语表达和理解之间的悖论。

在现实生活运用言语交际时，说话人往往都喜欢使用最简单明了的话语去表达最充分的信息，此时是R原则在起作用；但当R原则不能完全表达说话人想表达的语意时，就需要启动Q原则了，说话人就需要使用信息量大、内容丰富的语言来进行表达了。

（三）列文森三原则

1987年，列文森在其发表的一篇名为《语用学和前指代语法》的论文中提出了“列文森会话含义三原则”。之后，他又在1991年发表的一篇《再论前指代规律》的论文中正式把“列文森三原则”称为“新格赖斯语用学机制”，学者们称之为“新格赖斯会话含义理论”。因此，格赖斯20世纪60年代提出的“古典格赖斯会话含义理论”就发展成了20世纪80年代的“新格赖斯会话含义理论”。

列文森深化了“荷恩等级关系”，是在“荷恩两原则”的基础上提出来的。其内容主要包括量原则、信息原则和方式原则。

1. 量原则

说话人准则：除了不要提供会违反信息原则的信息，在说话人知识层域允许的情况下，一定要表达足够的信息量。

听人话推论：相信说话人提供的信息已经是听话人所了解的最广泛的信息。

2. 信息原则

说话人准则：在遵守量原则的前提下，“尽量少说”，满足交际需求即可。

听话人推论：找到最为有效的理解方式来扩展说话人提供的语言信息内容，直到确认说话人的真正意图为止。

3. 方式原则

说话人准则：不可随意地使用晦涩、冗长、带有标记的表达形式。

听话人推论：如果说话人使用了晦涩、冗长、带有标记的表达形式，那么说话人是想要避免常规的联想或含义解读，或者是想要表达其他意思，

4. 三原则之间的关系

列文森所提出的三大原则的运用是按照一定顺序进行的，一般来说是，先运用量原则，再运用方式原则，最后运用信息原则。

第二节　会话含义的主要内容

一、会话含义的概念

会话含义的概念在语用学中占有重要地位，是语用学中最为重要的概念之一。“含义”是指隐藏于字面背后的寓意。“含义”是听话人对说话人所表达的事件的内藏事理逻辑或句子所用语言的内涵一种延伸性的领悟，这种延伸可能是常规的延伸，也可能是非常规的延伸。这种延伸的不断扩展是会话含义理论发展的主要特征。概括地讲，这种延伸扩展表现在以下四个方面：语用推理过程、语言的情景社会因素、语言的修辞审美效果及语法语篇问题。

徐盛恒先生的含义本体论的研究认为，从本源讲，话语的含义是对话语所表现的事物间的常规关系、具体内容的解读。话语所表现的事物是由不同的部分和不同的属性等构成的统一体。统一体用语句表现时，是作为一个概念出现在句子当中的，语句作为一种显性表述时所运用的是它的概念意义；但统一体的其他多余部分、多种属性等又有可能同另外一些统一体的某一部分、某种属性结成常规关系而被交际者利用，这就成了含义。听话人往往在一段话语里感知到一些潜存于词语之外的隐性表述。这些隐性表述，同话语中的字面意义所传递的显性表述，有补充、延伸、限定、阐发等的关系，二者共同实现话语的完整表述。这里所说的隐性表述就是含义。

语用学研究表明，会话含义概念的特点可以归结为以下几点。

首先，会话含义对于语言现象具有强有力的语用解释作用。人们运用语

用推理可以驾驭语言结构之外，所以会话含义的概念似乎为语言事实提供了某些重要的功能解释。

其次，它可以提供一些含蓄的意义，即听话人可以推断超出话语本身所表达的字面意思。

再次，会话含义的概念似乎可以达到对语意描绘的结构化和内容最简化。

然后，如果语言的基本事实需要说明原因，那么会话含义的概念就会显得非常重要。

最后，会话含义具有强大的解释功能，一些基本原则对于大量的毫无关系的事实可以给予充分的解释。

二、会话含义的特征

作为语用学的核心理论之一，格赖斯在提出会话含义的概念之后，又进一步分析了会话含义的五大特征。

（一）非规约性

会话含义不是字面意义，也不是字面意义的一部分，而是听话人在知道字面意义之后，结合语境推导出来的意义。因此，会话含义的出现是以字面意义为前提的，字面意义在话语中是不变的，而语用含义却会随着语境的变化而变化。在语用学中，会话含义的这种特征就被称为非规约性，其特征还表现在话语的命题的真假不影响含义的真假，反之亦然。如下面的两个例子所示。

例 4–1

今天可真热。

上例的字面意义是表达说话人对天气的客观反映，但在不同的语境中，则可以让听话人推导出不同的会话含义。如在室内，说话人的话语可能产生“开窗”或“打开空调”的含义，但如果语境变成在空旷的野外，则说话人的话语可能产生“想喝水”或“想找个凉快地方休息”的含义。

例 4–2

王小明打了李红。

上例中，如果依据量原则，那么命题就表达出“王小明打了李红，但没有打死”的含义；如果王小明打死了李红，说话人仍说“王小明打了李红”，那么就是说话人故意违反量准则，不提供足够信息，采取了不合作的态度。前一种情况表明，“王小明打了李红”的命题是真，其含义也是真；后一种情况表明，“王小明打了李红”的命题是假，但作为“王小明打了李红”的含义仍然是真的，因为其含义是从"王小明打了李红"的字面意义上推导出来的。如果"王小明打了李红"的命题是真，而推导出来的含义最后因为李红伤重死亡就会变成假的；如果这时说话人仍说"王小明打了李红"，那他就是故意违反量原则，试图蒙骗说话人，这样，"王小明打了李红"的命题是假，而含义也是假的了。

从以上两个例子可以看出，会话含义是随着语境变化而变化的，而不是随着命题的真假变化而变化

（二）不可分离性

会话含义是听话人根据话语的字面意义，并结合语境推导出来的，因此，它依附于话语的字面意义和语境信息，而不依附于语言形式。在语用学中，会话含义的这种特征就被称为不可分离性，即同义替换是不可能将会话含义从话语中分离出来的。

如果话语在特定的语境中产生了某种会话含义，那么，无论使用什么样的同义结构对原句的内容进行替换，话语的会话含义都是始终存在，而不会消失的，如下例所示。

例 4–3

甲：今天和丙的约会怎么样？

乙：餐厅很漂亮，菜的味道也非常好。

在上例中，甲想询问的是乙和丙的约会情况如何，但乙却通过违反合作原则，来回答关于餐厅的评价，其表达的会话含义是"与丙的约会不怎么样，没什么共同话题"。即使将"漂亮"替换成"安静"，"非常好"替换成"很美味"，其会话含义"约会不怎么样"依然不会发生变化。

（三）不确定性

具有单一意义的词语在不同语境中可以产生不同的会话含义。在不同场合因为交际的主体不同，对同一句话可以做出不同的解释，这些解释往往通过语境来确定话语具有哪一种含义。具体如下例所示。

例 4–4

A：你比前段时间瘦多了。

B：你比前段时间瘦多了。（正在减肥过程中）

C：你比前段时间瘦多了。（母亲生病需要照顾）

D：你比前段时间瘦多了。（经常出差）

在上述例句中，A 的含义是不确定的，因为缺少具体的语境支持，只能

推导出字面意义，而后三句的含义则是确定而清晰的，分别表达了“减肥效果很明显”“照顾母亲很辛苦”和“工作太累”三种不同的含义，而这个确定的过程则是由语境来完成的。

（四）可取消性

影响会话含义产生及推导的相关信息虽然是已知的，但是如果在交谈过程中，其中一个或几个因素发生了改变，那么会话含义也会相应地发生变化，因此，原有的会话含义也就相应地具有了被取消的可能性。

会话含义的可取消性，指的是在一定的语境中，因为在原先某一话语上附加某些前提，使得原先的某一种会话含义被取消。会话含义的可取消性是会话含义五个特征中最为重要的一个特征。

会话含义的可取消性一般是由以下两个因素引起的。

第一，说话人在原先的话语上附加一个分句来表示自己要取消原来话语的会话含义，如下例所示。

例 4–5

A：他养了三只猫。

B：他只养了三只猫。

C：他养了三只猫，但前几天死了一只。

D：他养了两只猫。

在上例中，A 和 B 表达的是同样的含义，即“有且仅有三只猫”，但在 C 中附加了“但前几天死了一只”，就取消了前两句“有且仅有三只”的含义，而是表达了 D 中“有且仅有两只”的含义。

第二，在特定的语境中取消话语原有的会话含义，如下例所示。

例 4–6

甲：王小明修了多少个学分了？

乙：他已经修够了 100 个学分了。

在上例中，甲关心的问题是王小明是否修够了毕业所需的学分，乙的回答也不是为了回答具体的数目，而是为了告诉甲王小明已经达到毕业标准，在这个语境中，王小明获得的学分可能是100，也可能多于100，也就取消了“多少”这个含义。

（五）可推导性

听话人一方面根据话语的字面意义，另一方面根据合作原则，再结合语境，推导出相应的会话含义。会话含义的可推导性可以说是另外四个特征的前提。

言语交际的过程，总是说话人在向听话人传达某些意义，再由听话人进行理解并反馈的过程，而说话人要传达的意义，并不全都是字面意义，因此，听话人在理解的过程中，就需要根据已知信息进行会话含义的推导。影响到会话含义的产生及推导的信息往往来自五个方面：第一，所用词的规约意义和可能涉及的指称对象；第二，合作原则及其他各项原则；第三，语言或非语言语境；第四，其他相关的知识背景；第五，以下事实或假定事实：会话双方都得到前面几条提到的信息，而且双方都知道或假定那是事实。

在听话人掌握了已知信息之后，听话人就可以对会话含义进行推导了，推导模型如下。

①说话人说了话语 A。

②没有理由认为说话人不遵守会话原则，或者至少说话人会遵守合作原则。

③说话人说了 A，同时又遵守会话原则，那么，说话人必定想要表达会话含义 Q。

④如果说话人是遵守合作原则的，那么说话人必然知道被假设的会话含义 Q 是交谈双方的共知。

⑤说话人没有采取任何行动阻止听话人将 A 理解为 Q。

⑥因此，说话人想要让听话人将 A 理解为 Q，即 A 的含义是 Q。

综上所述，在会话含义的推导过程中，从表面上看，说话人违背了合作原则但根据听话人所掌握的相关信息，有一种解释正好能够支持听话人前面的假设，那么，听话人就应该认为这种解释正是说话人所想要表达的意思，如下例所示。

例 4–7

甲：你这次考试考得怎么样？

乙：我这段时间都在忙找工作的事。

在这个对话中，乙的回答看似违反了合作原则，但因为这句话是针对甲的问题进行的回答，因此，如果甲认为乙是遵守合作原则的，那么就可以推导出“因为乙在忙找工作的事，所以没时间准备考试，考试结果不好”这样的会话含义来。

三、会话含义的分类

格赖斯率先提出了会话含义理论，并且这个理论在语言交际过程中起着重要的作用。格赖斯把意义看成自然意义和非自然意义的合体，其中，自然意义与说话人的意图没有关系；而非自然意义则包含说话人的意图。格赖斯重点研究了非自然意义中的会话含义。

在言语交际中，说话人说出的话语，常常是包含某种意图的。格赖斯详细地解读了非自然意义，认为非自然意包括字面意义和含义这两个部分。字面意义占非自然意义的比例很小，含义占有大部分，并且是格赖斯主要的研究对象。之后，格赖斯对含义进行了分类，认为含义包含规约含义和非规约含义两个部分。规约含义（conventional implicature）指的是不依赖语境就可以直接得到的意义，非规约含义（non-conventional implicature）是指依赖语境、背景知识等才能推导出来的意义。格赖斯又将非规约含义细分为会话含义和非会话含义两个部分；进而将会话含义继续划分为一般会话含义和特殊会话含义这两个部分。如图 1 所示。

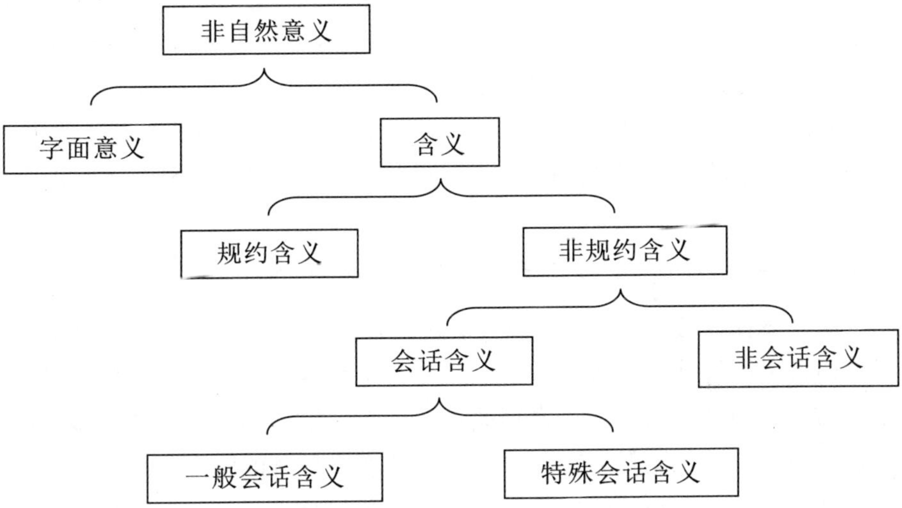

图 1　有意图的信息交流图示分解图

许多学者容易混淆规约含义、一般会话含义和特殊会话含义，下面笔者就对它们之间的区别进行简要论述。

（一）一般会话含义和规约含义的区别

列文森对“规约含义”的解释是它“并不是由像‘准则’这样的上位语用原则得出来的推断，而只是依从常规附在特定的词项或形式之上”。这样看来，规约指的是约定俗成的常规、惯例和被人们一般的思维习惯所普遍认同的东西。列文森这一规定明确地说明了规约含义的来源、特点、性质，表明了规约含义应属于非会话含义。“规约性”指话语的形式具有约定俗成的特征，或说话人采用表示言外之力的手段。例如，使用施为句、使用字面用意是“陈述”“询问”或“命令”的句法结构，以及使用惯常的句法结构，都能表达同一言外行为，通过字面用意便可推断出所表达的言外之力。凡是靠规约手段而组成的同义结构群都属于规约性同一结构。

一般认为，语言的规约含义仅与词语意义有关，是词语意义的半影。按照列文森的定义，规约含义并不是由合作原则的某一些准则推导出来的，而是约定俗成地依附某些特殊的词语上的，一般会话含义和规约含义有时是很难区分的。规约含义和一般会话含义的关系不是互补（即非此即彼）的关系，两者之间的差异是以无向量的形式存在的，区别是非常微妙的。

规约含义是特定的词项或表达方式所具有的含义，以 but 为例，but 与 and 的真实条件含义相同，但它有一个附加的规约含义即连接物是形成对比的，规约含义是由高一级语用原则衍生出来的含义。有些词语的意义，只要它在某种语言环境中存在，而在另外一些环境中不存在（即是可以取消的），那么这个意义就可以看作会话含义（有时是惯用语），而不是词的规约含义。有时用重读来区别规约含义，在有些情况下，重读可以产生一般会话含义。

也就是说，不是直义的、与语句真值无关的、无法预测的、无法取消的、可以与语句分离的、不必推导的那部分语言意义，可以被视为语言的规约含义。

（二）一般会话含义和特殊会话含义的区别

根据列文森自己的论述，一般会话含义和特殊会话含义都属于会话含义。一般会话含义和特殊会话含义的区别：前者是在遵守会话合作原则的基础上产生的，表示的是事物之间的常规关系，后者牵涉到的语境量比较多；前者是听话人根据会话原则对存在于常规关系的言语理解的结果，后者则是听话人根据会话原则对存在于特殊语境的言语推导的结果。例如，一位开车者说汽油用完了，听话人说：“Oh， there is a garage just around the corner.”（噢，那个角落附近正好有一个修车库。）在英语国家里，修车库内有汽油出售是常识，或者说修车库和汽油之间有某种常规关系，因此根据这种常识或常规推出的“你可以在修车库那里加油”，这就是在那个语境里的一般含义。相比之下，如果有人问：“What on earth has happened to the roast beef？”（烤好的牛肉发生了什么事？）听话人答：“The dog is looking very happy.”（这只狗看起来很开心。）听话人所说的话的含义是也许这只狗已经把烤好的牛肉吃了，而这种含义就是特殊会话含义。格赖斯在绝大多数场合把这种特殊会话含义说成违背关系原则的结果，因为在一特定语境里，这种回答是相关的，听话人也是可以推出含义的。

在实际的会话中，如果能够用句子的一般会话含义达到说话人的意图，说话人就不会采用有特殊会话含义的句子来进行表达；但如果一句话存在着特殊会话含义，听话人总是优先考虑这句话的特殊会话含义，再去考虑它可能存在的一般会话含义。因为这个特殊会话含义才是说话人所要表达的真正意图，只有理解了说话人的特殊会话含义，才可能真正地把握说话人的言语行为的动机，言语交际才能够正常进行下去。一般会话含义的常规关系是人人共知的，而特殊会话含义的特殊语境不具有一般性，是具体的、个别的非言语信息，当一句话有特殊会话含义时，它就常常有一般会话含义所不能表达的意图。因此，在理解话语时，如果人们注意到了一句话有特殊会话含义，人们就会去识别与之相关的特殊语境，首先理解其特殊会话含义，而不会去考虑它的一般会话含义，同样，说话人也总是利用这一方法去进行交际，在该使用特殊会话含义的时候才使用特殊会话含义，能用一般会话含义就用一般会话含义。一般会话含义的理解过程是理解字面意义—常识性命题—理解一般会话含义；特殊会话含义的理解过程：理解字面意义—识别特殊语境—构造中介命题—临时性命题—理解特殊含义。

由此看来，用是否遵守合作原则为依据来衡量含义的一般性和特殊性有时是站不住脚的，因为语言交际时，人和人之间的默契并不能完全用格赖斯的交际准则来涵盖准则的遵守和违背之间存在着某种程度的交叉现象，例如：有时说话人违背的是量准则，遵守的却是礼貌原则；有时违反的是方式准则，遵守的却是关联原则。但是如果人们用“语境量”作为衡量标准来区分一般会话含义和特殊会话含义的话，情况就会有所改观，这是因为语言交际中话语的质量和所涉及的语境之间的比例，似乎也遵循着类似物理世界所特有的那种能量守恒反比定律：语境量大，话语的质和量就相反地比较接近常规值。这里的常规值指的是“把话语说清楚，说明白”的标准，是交际中省力原则与信息需求的中和或平衡。因此，语境量多、偏离常规值的话语，产生的就可能是特殊会话含义；语境量少、接近常规值的话语，产生的就可能是一般含义。也就是说，偏离句义、与语言形式无关的意义就是特殊会话含义；与句义有一定关系，甚至和语言形式也有（部分）关系的意义就是一般会话含义。

第三节　会话含义理论在英语语用教学中的应用

传统的大学英语教学侧重于语言知识的讲授，而忽视了学生英语综合应用能力的培养，导致学生无法用英语进行交流或出现理解偏差等问题。美国哲学家格莱斯提出的“会话含义理论”，作为语用学的核心内容，对于正确理解语境中的话语意图发挥着举足轻重的作用。将会话含义理论应用到大学英语教学的听、说、读、些四个方面，可以有效地提高学生的听力水平、语言交际能力、阅读理解能力和写作水平，从而达到提高大学英语教学质量，深化大学英语教学改革的目的。

一、会话含义理论在大学英语听力教学中的应用

在英语学习的过程中，听力是一个既重要又很难掌握的技巧。大学英语课程教学要求也强调了在英语教学过程中增强学生听力理解能力的重要性。大学英语听力教学的目的已不仅仅局限于使学生能够听懂英语谈话中所涉及的语言基本知识，掌握其主旨大意，而且要使学生在此基础上，能够理解其隐含义义并判断说话人的观点、态度等，从而逐步提高学生获取、分析口头信息的能力，同时也为培养学生的英语交际能力奠定了一个良好的基础。

目前的英语听力教学主要是以听录音材料的方式进行的，在此过程中，教师过于关注学生对语言知识的掌握，导致学生误以为只要把握听力材料中每个单词、句子的字面意思，就能准确理解所听内容的主旨大意以及说话人的态度。在这种想法的误导下，一旦学生在听力过程中碰到生词，他们继续完成听力任务的积极性和自信心就会受到打击，从而影响对听力材料的理解。但事实上，学生无需准确了解每个单词的字面意思，个别生词的存在不会影响他们对于所听内容主旨大意的把握。相反，他们可以通过结合具体语境来猜测生词的大致意思，从而更好地理解听力材料。

因此，听力理解的完成主要涉及以下两个方面的因素。第一，足够的语音、词汇等语言知识是听力理解的基础；第二，英语国家的文化背景、听力内容发生的具体语境等语用知识也是必不可少的。对于大部分学生来说，语言知识已不是阻碍他们完成听力理解任务的因素。相比之下，学生对于语用知识的掌握却不尽如人意。这一现状导致学生有时即使明白了听力材料的字面意思，也很难理解其隐含义思。他们需要意识到，听力材料中所使用的是动态的语言，人们有时为了促成交际活动的顺利完成，会违反合作原则。因此，如果教师能指导学生将会话含义理论引用到听力理解的过程中，这一问题将会得到有效解决。

鉴于会话含义理论在推动听力理解过程中的重要作用，教师在教学中可采用以下几点建议。

第一，教师应引导学生在具体的语境中学习新的词汇知识，在学习材料的选择上应侧重于段落、篇章，或通过阅读英文小说、观看英文电影的方式去学习词汇。这样，学生不仅可以灵活地掌握词汇的外延意义，而且可以很好地掌握其内涵，从而为准确理解听力材料中说话人所要表达的观点、态度

奠定坚实的基础。

第二，除了词汇知识外，教师还应向学生教授英语国家的文化背景知识，包括地理、历史、习俗、礼仪等各个方面。语言是文化的重要载体，教师对文化背景知识的传授可以增强学生对文化差异的敏感度，帮助学生养成良好的英语思维习惯，从而更好地理解所听内容的主旨大意。

第三，在学生掌握了足够的语言知识和文化背景知识的基础上，教师应向学生介绍会话含义理论的相关知识，并通过引用一些具体的实例让学生意识到该理论对于促进听力理解的重要作用，加深学生对该理论的认识，从而使他们能熟练地利用这一理论，使其对所听内容加以分析，并准确地推导出话语中所隐含的言外之意。

二、会话含义理论在大学英语口语教学中的应用

语言是人们交流的工具，语言教学的最终目的就是使学生能够运用目的语进行交际。大学英语口语教学要求学生在掌握了初级英语口语的基础上，能顺畅地用英语表达自己的想法，进一步提高叙述、交谈和讨论等方面的口语表达能力。

但我国目前大学阶段的口语教学仍沿用中学时代的传统教学法，再加上不能为学生提供适当的交际环境，导致在实际生活中，大部分学生仍然不能用英语进行有效、得体地交流，他们常常由于不懂得说话技巧而出现尴尬、冷场的局面，或者由于不具备推断说话人言外之意的能力，而导致无法做出适当的回应。在这种情况下，如果教师能将会话含义理论引用到口语教学中去，一定会推动学生的口语顺利发展。

会话含义理论不仅可以帮助学生推导出说话人的真正意图，做出得体恰当的回应，而且能使学生准确掌握与灵活应用一些说话技巧，以一种礼貌的方式来表达自己的想法，从而促成交际活动的顺利完成。因此，在口语教学中教师可以采用以下几点建议。

一方面，教师应系统地向学生教授会话含义理论的相关知识，并搭建英语情境的交流平台，指导学生使用这一理论在不同的语境下进行模拟对话，通过反复操练掌握实用的语言表达方法，使学生提高自己的口语交际能力。

另一方面，教师可以指导学生接触多种形式的英文视听材料，并在此过程中向学生介绍相关的文化背景知识，更好地帮助学生了解英语国家的交谈模式；然后指导学生总结口语交际中的表达方式，并对不同的表达方式所产生的语用效果进行对比、分析，积累不同语境下的较为恰当的表达方式，从而使自己在口语交际中表达得更加准确、得体。

三、会话含义理论在大学英语阅读教学中的应用

阅读是一种认知活动，是提高英语综合应用能力的最佳途径。阅读教学的首要任务是使得学生能够准确理解阅读材料。在目前的教学过程中，虽然教师十分重视阅读教学，但教学重点往往在词汇和语法知识上，教师并未意识到学生语用能力的不足也会影响其对阅读材料的理解。

阅读教学的有效途径之一就是把语用学方面的知识，特别是会话含义理论的相关知识应用到阅读教学中去，以提高学生的语用能力和阅读理解能力。合作原则虽产生于口头交流，但是在书面文本交际中它也同样适用。因为书面文本也是用于交流的，是一种作者和读者进行交流的方式。

另外，在阅读文本中，语境对于具体词汇和句子的意思也有一定的限制。学生使用会话含义理论对文本进行分析的心理过程，应该建立在对语境的整体把握之上。

课文的对话与人物的社会关系、社会地位以及社会文化背景有着密切的联系。学生不是课文中言语行为的直接参与者，认知环境有限，对外国社会文化背景的了解程度不同，感知能力、推理能力和信息的提取能力都不同，往往会出现理解失误。因此，教学导向是很重要的。教师应指导学生从一系列在逻辑上可能的语境中找出理解话语的实际语境，越过语言手段去思考文中对话的特殊含义，具体如下例所示。

例 4–8

——Oh，what can I say？

——Try to be good.（To the Uncle）：It’ very kind of you，（To Tom）：isn’ t it，Tom？

Tom repeated bitterly：Very kind.

（From *Tom’s Midnight Garden* by Philippa Pearce）

由其上下文得知，Tom 的弟弟 Peter 得了麻疹。Mrs Long 不得不把 Tom 送到伯父家以免被传染。送 Tom 离家的时候，她明知 Tom 不愿意去，并知道 Tom 怨恨伯父把他带走，却偏要 Tom 感谢伯父。Tom 也违心地向伯父道谢。两人都故意违反质量准测，但符合礼貌原则。根据得体准则，Mrs Long 使自己和没礼貌的儿子不丢面子，Tom 也给母亲和伯父留了面子。同时，Tom 在不违反赞誉准则情况下，用一种挖苦式的语气讲“very kind”。这种省略式不符合 Tom 和伯父的身份关系，然而在这特定的语境中却恰到好处，补充了信息，表达了反面的意义：“我讨厌这样的好心。”Tom 避免了正面触犯伯父，但让伯父通过对其会话含义的推导，间接地领会他话语中的触犯点，了解到

他的不满情绪。学生在教师的指导下分析话语的非自然意义，能了解多于实际所说的话所交流的信息，明白 Tom 当时复杂的心理活动，通过这短短的对话加深对主题的认识。

研究说话人和听话人头脑里的心理过程很重要，但研究形成上述思维过程的社会因素也同样重要。人们是根据自己的社会文化背景进行交际活动的，这种交际需要是由交际的社会环境决定的。在教学中，社会文化背景和课文的上下文所形成的语境是正确理解语篇的重要依据，对人物对话的成功释义也是至关紧要的，如下例所示。

例 4–9

Robert：Captain Pratt，you must come and spend the evening with us tomorrow. You and Captain Smitherton can tell us all about your voyages，and we' ll have a game of cards.

Pratt：Cards？ My dear fellow，you forget！ Tomorrow will be Sunday，you know.

Kate：Sunday？ Come，you know Robert' s not so bad as that！ Today is Sunday，of course！

Uncle Rumgudgeon added：to be sure！ To be sure！

Smitherton found his voice at last. What are you people thinking about，What are you people thinking about，anyhow？ Wasn' t yesterday Sunday，I should like to know？

本例是美著名作家埃德加•爱伦•坡的一篇轻松小说选段。背景是 Uncle Rumgudgeon 不愿把女儿 Kate 嫁给 Robert 为妻，除非一周有三个星期日。于是这对年轻人想出了一个主意，以两个船长分别从东往西、从西往东航海环球一周回到出发地为话题，故意不提日界线的日期加减法，用模糊概念虚捏了昨天、今天和明天都是星期日的假象。在这段对话中，Robert 故意请两位船长明天打牌，Pratt 船长不同意，因为明天是“星期日”，从而引出哪天是星期日的争论。除了 Uncle Rumgudgeon 外，其余四人故意违反质量准则和方式准则，通过似是而非的解释，使 Uncle Rungudgeon 仿佛觉得一周真有三个星期日，从而同意让这对年轻人结婚。

教师在讲这篇课文时，首先应给学生提供足够的语境，让学生处于最佳的认知状态，要指导学生复习有关的地理常识，避免学生糊涂。一定的语言是由一定的语言共同体约定俗成的，往往带着浓厚的社会烙印。教师还应介绍有关基督教徒星期日做礼拜不能娱乐的风俗，明白 Robert 提出打牌的特殊含义，了解作者提供的特定语境和矛盾的冲突所在，从而建立作者与学生之间的联系，通过松散自由、带着模糊性的话语，使学生感受到 Robert 四人故弄玄虚的言外之意，随着情节的发展欣赏他们如何拐弯抹角地把 Uncle Rumgudgeon 引入歧途从而达到目的。

课文的会话是刻画人物性格和表达信息的重要手段。作者常通过人物对话表现主题，感染读者。由于某种原因，文中人物往往不用常规表达方式交流心中的信息。所以，教学必须联系语言的语用功能，结合语言使用的情景及社会文化背景，指导学生分析特殊的话语，推论与字面意义不同的会话含义，更好地理解课文中人物在特定情境中复杂的心理思维过程、各种行为目的、社会因素及民族特性，从而了解文学作品的主题。

让学生在掌握了一定语言知识的基础上学习会话含义理论，不仅可以帮助学生通过阅读材料的规约含义推导出材料中所蕴含的会话含义，正确理解作者的观点、态度，而且可以使学生对作者的写作风格和整篇文章的谋篇布局有更深刻的理解，掌握一些使写作技巧，提高写作水平。

四、会话含义理论在大学英语写作教学中的应用

写作是一种书面的表达方式，有说明文、议论文、记叙文等多种文体，而当前的写作教学更加强调实用性，更加注重应用文的写作，这就更加突出了会话含义理论在写作教学中的积极作用。因此，教师应指导学生在写作过程中巧妙地使用会话含义理论，来得体地表达自己的思想感情和写作目的。

一方面，在审题过程中，教师不仅要引导学生读懂题意，而且要使学生利用会话含义理论对题目要求进行分析，读懂其语用要求。

另一方面，在写作过程中，教师也要指导学生使用会话含义理论得体地表达自己的想法，避免生硬、不礼貌的表达方式。

第五章　言语行为与英语语用教学

言语行为理论是语用学中十分重要的理论，以言语行为理论为理论基础的交际教学法对指导英语教学具有重要意义。

第一节　言语行为的主要理论

一、奥斯汀的言语行为理论

（一）言语行为理论的源起

言语行为理论最初是由英国哲学家约翰•兰肖•奥斯汀提出的。20 世纪 50 年代至 60 年代，奥斯汀在哈佛大学做了关于《如何以言行事》（*How to Do Things with Words*）的系列讲座。奥斯汀是日常语言哲学派（ordinary language philosophy）的代表人物之一，该学派是 20 世纪分析哲学（analytic philosophy）的一个分支。分析哲学的另一个分支是逻辑实证主义（logical positivism）。这两个分支都把哲学问题归结为语言问题，对语言进行哲学研究。但是，它们之间也存在着分歧。

在奥斯汀之前，哲学家普遍持有的一种观点是，陈述之言的作用或是描述事物的状态，或是陈述某一事实，两者必居其一，别无他用，而陈述之言所作的描述或陈述只能是真实的或者谬误的。哲学家关心的历来只限于陈述的可验证性，即如何验证某一陈述是真实的或是谬误的，以及如何规定某一个真实的陈述必须满足的条件，等等。然而奥斯汀提出了反对意见。他认为，有些句子一说出来就是一种行为。行为没有真假之分，只有恰当之别，而且这些句子都是有意义的。奥斯汀用了四个著名的例子来说明这类句子。

例 5-1

① I do.（用于结婚仪式过程中）

译文：我愿意。

② I give and bequeath my watch to my brother.（用于遗嘱中）

译文：我要将我的手表遗赠给我的兄弟。

③ I bet you six pence it will rain tomorrow.（用于打赌）

译文：如果明天下雨的话，我给你 6 便士。

从静态的语法形式来看，以上三个句子都是陈述句，但它们并不是在对某一事态或某一事件进行陈述，而是在实施某种行为，因而无所谓真或者假。说话人通过说出这些话语，分别实施了“结婚”“遗赠”以及“打赌”的行为。它们没有真假之分，却都有意义。

在现代汉语中，这类句子也很常见。例如“我提议……”“我保证……”“我祝贺……”“我宣布……”等。当说话人说出这些话语的时候，说话人分别实施了“提议”“保证”“祝贺”“宣布”的行为。

（二）施为句

奥斯汀把表达有所述之言的句子称为“表述句”，而把表达有所作为的句子称作实施行为句，简称为“施为句”。表述句的目的在于以言指事、以言叙事；施为句的目的在于以言行事，以言施事，如下例所示。

例 5–2

① I go to the park every day for a walk.

译文：我每天都去公园散步。

② I suggest that you don’t smoke.

译文：我建议大家别抽烟。

1. 施为句成立的条件

施为句不是在描写、汇报或表述任何事情，不真也不假。

说出某一句话就是在实施某一行为或该行为的一部分。施为句需满足以下条件。

①存在一定常规效果的，可接受的常规程序。该程序包括在一定条件下，一定的说话人说出一定的话语。例如，法庭宣判就必须是在法庭上进行宣判，且是法官进行宣判。

②为了实施特定的程序，在一定情况下特定的人物、条件必须是恰当的。例如，法官宣判就必须具有法庭宣判的条件，否则无效。

③该程序必须由交际双方正确、严格地执行。例如，法庭宣判就必须遵守合法程序正确实施。

④该程序是具有一定思想或想法的人为了一定的目的，或为了对对方的行为产生一定影响而提出的，参与者必须实际上存在那样的思想或想法，且必须具有实施该行为的打算，最后还必须付诸实施。例如，法庭宣判的目的

就是惩治犯人或教育其他公民，且法官必须进行最后宣判。

2. 显性施为句

显性施为句直接表明言有所为，采用陈述句的形式，带有施为动词，比如打赌、许诺、包装、警告、提醒、道歉、建议、提拔 / 任命、宣布等动词，如下例所示。

例 5–3

① I remind you that there are dogs in the yard.

译文：我提醒你院子里有狗。

② I announced a two-week holiday.

译文：我宣布放假两周。

显性施为句的特点：①主语是第一人称单数；②动词是施为动词；③时态为一般现在时；④语句形式是主动态陈述句；⑤说话过程意味着实施一个非语言的行为，如“警告”“任命”“请求”等。在使用显性施为句时，说话人应注意如下四个问题。

第一，应依据上述显性施为句的特点鉴别句子，如下例所示。

例 5–4

我劝你多给小马一些资助。（施为句）

① I advised you to give more funding to Pony.

译文：我劝过你多给小马一些资助。

② I will advise you to give more funding to Pony.

译文：我会劝你多给小马一些资助。

③ She advised me to give more funding to Pony.

译文：她劝我多给小马一些资助。

第二，有些句子虽然符合显性施为句的特点，但不一定是施为句。如下列句子仅是阐述句，而非施为句。

例 5–5

① I am scrambled eggs now.

译文：我现在炒鸡蛋。

② I go to the park every morning to exercise.

译文：我每天早晨去公园锻炼。

第三，为了把显性施为句与其他使用一般现在进行时的句子区别开来，可在施为句中加入“特地”“特此”“愿意”等词，如下例所示。

例 5–6

① I specifically announced the holiday next week.

译文：我特地宣布下周放假。

② I specifically declare you as the chairman of the committee.

译文：我特地宣布你为委员会主席。

③ I am wrong with this matter， I am willing to apologize to you.

译文：此事是我不对，我愿意向你道歉。

第四，表述句所陈述的事情有真、假之分，而施为句只有是否恰当、是否真诚、是否明智之分。例如，人们只会怀疑“我保证爱你到永远”的“保证”是否真诚，只会怀疑“我奉劝你这样做”的“奉劝”是否明智，而不会怀疑这些事情本身是否真实。

3. 隐性施为句

隐性施为句是指无须使用动词就可以表达“有所为之言”的句子，如下例所示。

例 5–7

① You can leave here.

译文：你可以离开这儿。

② I will allow you to leave.

译文：我允许你离开。

③ Go away.

译文：走开。

④ I ordered you to go away.

译文：我命令你走开。

由于隐性施为句缺乏明确的施为动词，因此其所实施的言语行为可能导致听话人有多种不同的理解，如下例所示。

例 5–8

院子里有条狗。

上面这句话可被理解为，我告诉你院子里有条狗或我提醒你院子里有条狗或我警告你院子里有条狗。

要理解隐性施为句就必须依据语境。表述句是一种描写性陈述句，连同疑问句、祈使句和感叹句，它们实际上同时是表达陈述、询问、命令或赞叹等言语行为的隐性施为句，但是，说话人还可以根据语境利用隐性施为句表达其他的言语行为。这就是说，表述句在具体语境中同时是表达言语行为的施为句。

4. 内嵌施为句

虽然施为动词不充当句子的主要动词，但它们实施行为的功能没有丧失，这就是内嵌施为句。对于内嵌施为句，人们应注意以下三个方面的问题。

一是当意愿动词（希望 / 愿望、高兴 / 愉快、遗憾 / 歉疚等）作为主句动词时，从属分句的施为动词仍具有实施行为的功能，如下例所示。

例 5–9

① I am considering recommending you to test Peking University.

译文：我正在考虑建议你考北大。

② He believes that I promise to go to work on time.

译文：他相信我保证按时上班。

③ I want to announce that I promise to be there tomorrow.

译文：我要宣布我许诺明天会在那里。

④ I am very happy， I can announce you as the chairman of the committee.

译文：很高兴，我能宣布你为委员会主席。

⑤ I feel very sorry， I must tell you to leave here.

译文：我感到很遗憾，我必须告诉你离开这里。

二是某些结构后的不定式如果是施为动词，则其实施行为的功能仍然存在，如下例所示。

例 5–10

① I am happy to inform you that you have been promoted.

译文：很高兴通知你得到了提拔。

② Let me first congratulate you.

译文：让我首先向你表示祝贺。

③ Entrusted by the party committee， you are declared an outstanding party member.

译文：受党委的委托，宣布你为优秀党员。

三是被动施为句，实际上是被动形式的显性施为句，多出现于书面通知或告示中，如下例所示。

例 5–11

① When crossing the railway line， passengers are required to take the pedestrian bridge.

译文：穿越铁路线时，旅客请走行人天桥。

② It is forbidden to trample the lawn.

译文：禁止践踏草坪。

③ Passengers should wear a seat belt.

译文：乘客请系上安全带。

（三）言语行为“三分说”

奥斯汀在施为句研究的基础之上，提出了言语行为“三分说”的新理论。根据这个新的理论，在大多数情况下，说话人说出一句话的时候，他同时实施了三种行为，即“以言指事行为”“以言行事行为”“以言成事行为”“以言指事行为”。

例 5–12

甲：屋里好黑。

乙：我把灯打开。

奥斯汀将以言指事行为细分为三个层次的行为。

第一，发声行为，该行为仅仅是发出某种声音的行为。

第二，发音行为，该行为中的“音”，首先，必须是属于某特定语言的“音”；其次，它要与该语言中的词汇和语法相符。

第三，表意行为，该行为是指通过发音行为而形成的语言单位要能表达一定的意义。

由此可总结出，“以言指事行为”是指这样的一种行为：说话人通过发音器官发出声音，并按照一定的语法规则将它们组合成合格的词或短语，再将这些词或短语组合成合格的句子，让这些合格的句子带上语调，表达一定的意义并能让听话人理解，其作用是“以言指事”或“以言叙事”。根据该定义，说话人甲向听话人乙说出上例中的话语（该话语符合汉语词汇和语法规则，有语调，能表达意义），并且听话人乙能够理解这句话的字面意义。此时，说话人甲就实施了以言指事行为。

“以言行事行为”是指说话人通过“以言指事行为”所实施的行为，它表明了说话人的意图，其作用是“以言行事”。说话人通过“以言指事行为”可以实施很多行为，例如告知提醒、表扬称赞、安抚宽慰、请求建议等。实施该类行为的话语都存在一定的“语力”，例如“宣称”“命令”“保证”“感谢”等。该行为可以用公式表示为，当说话人说 x 的时候，他实施了 y。

在上例中，说话人甲正在看书，但是屋子里光线很暗，于是说出了“屋里好黑。”这句话。他在表述了“屋里好黑”这一事态的同时，还表达出了“让听话人乙把灯打开”的“请求”，这个请求就是说话人的意图。设 x 为“屋里好黑”，y 为“请求”，将 x 和 y 带入公式，可以得到：当说话人甲在说“屋里好黑”的时候，他发出了一个“请求”，“请求”就是一种语力。

“以言事行为”可以用公式表示为，当说话人说 x 的时候，他实施了 y，并且产生效果在上例中，听话人乙在听到、理解了“屋里好黑”这句话的意思，并明白了说话人甲的意图之后，把灯打开了，这就是说话人言语行为所产生的效果。设 x 为“屋里好黑”，y 为“请求”（一种语力），z 为“把灯打开”，将 x、y、z 带入公式，可以得到：当说话人甲在说“屋里好黑”的时候，他发出了一个“请求”，听话人乙在听懂并明白了说话人的意图之后，“把灯打开”了。需要注意的是，在上例中，假如听话人不接受或者不同意说话人的“请求”，没有把灯打开，虽然这与说话人的意图不符，但这种结果仍然是一种“以言成事行为”。“以言行事行为”与说话人的意图相关，但“以言成事行为”却与说话人的意图无关，它仅仅是说话人话语所产生的结果。

同时，人们也需要对“以言指事行为”“以言行事行为”和“以言成事行为”进行区分。一般来说，“以言指事行为”也可以是一种“以言行事行为”。例如，当妈妈对孩子说“外面在下雨”的时候，这是一种“以言指事行为”，但这同时也表达了妈妈对孩子的一种“提醒”，这显然是一种“以言行事行为”。

在言语交际中，上述三种行为是一个有机的整体。“以言指事行为”发出声音，组成合乎语法规则的、有语调的句子，并表达一定的意义；“以言行事行为”通过话语实施一定的行为，表明说话人的意图；“以言成事行为”则表明话语对听话人产生的效果或影响。

（四）以言行事行为的分类

言语行为理论认为，说话就等于做事情。在以上的三种行为中，“以言行事行为”最能体现言语行为理论的这一基本主张。它直接反映出说话人在说话的时候实施了什么样的言语行为。另外，同一句话语，由不同的人在不同的语境中表达出来，其意图往往不尽相同，会产生不同的语力。许多人就会有这样的疑问：人们通过说话究竟能做什么事情？能做多少事情？这也是奥斯汀所关心的问题。因此，奥斯汀将重点放在了“以言行事行为”上，并将其分成了以下五大类型。

1. 裁决类（verdictives）

此类以言行事行为表明说话人对某一事件的裁决、断定、评价等。用于该类型的英语动词有 acquit、assess、convict、describe、estimate 等。

2. 阐述类（expositives）

此类以言行事行为用于说话人的阐述、说明、解释等行为。用于该类型的英语动词有 affirm、describe、explain、illustrate、mean、testify 等。奥斯汀对以言行事行为的分类是存在一定问题的，他对自己的分类也不满意。其最大的不足在于没有一个明确的分类标准，因此难免会出现逻辑上的交叉。例如，describe 既属于裁决类，又属于阐述类；mean 属于阐述类，而 mean to 则属于承诺类，如下例所示。

例 5–13

① I describe seeing Tom in our classroom yesterday afternoon.

② I describe it in detail.

在①中，"describe"可以表示为一种断定，整句话的中文意思是"我肯定昨天下午汤姆在我们教室里"。此时的 describe 属于裁决类，是说话人对"汤姆昨天下午在我们教室"这一事件的断定。在②中，describe 则表示"阐释"，全句可翻译为"我详细阐释这件事"。此时的 describe 则属于阐述类，表示说话人对其所说事件进行的阐释。这是由于 describe 在不同的语境中，语义会有所不同，因此就会体现出不同的语力。

例 5–14

① I mean， nothing happened last night.

② I mean to undertake the task.

在上例①中，mean 是表示"……的意思是"，这句话可翻译为"我是说，昨天夜里什么都没有发生"。此时的 mean 属于阐述类，是说话人对"昨天夜里任何事情都没有发生"这一事件进行的阐述。在②中，mean to 的意思是"打算""意欲"，例②的意思是"我打算完成这个任务"。此时 mean to 属于承诺类，表示说话人对完成这个任务的承诺，对该任务的完成承担相应的义务。这是因为 mean 这个单词有着不同的用法，用法不同，语力也会发生一定的变化。

3. 承诺类（commissives）

此类以言行事行为旨在表达说话人对某一行为的承诺,要对该行为承担相应的义务。用于该类型的英语动词有 contract、covenant、guarantee、promise undertake、mean to 等。

4. 行为类（behabitives）

此类以言行事行为用于表明说话人的态度。用于该类型的英语动词有

apologize、bless、congratulate、sympathize、thank、welcome 等。

5. 行使类（executives）

此类以言行事行为指说话人通过说话来行使权力或施加影响。用于该类型的英语动词有 appoint、command、demote、name、nominate、order 等。

在奥斯汀的言语行为理论中，虽然他的一些想法还不成熟，但是作为该理论的创始人，奥斯汀对语用学所做的贡献是重大且深远的。遗憾的是，奥斯汀在提出言语行为理论的五年之后便去世了，没能对该理论进行深入研究。但值得庆幸的是，奥斯汀的学生塞尔，继承、修正、发展了奥斯汀的言语行为理论，使之进一步系统化和完善化。

二、塞尔的言语行为理论

（一）言语行为“四分说”

奥斯汀认为句义和语力之间存在着根本性的区别，它们彼此独立，却又相互联系。他认为，句子的意义由语言单位的意义和语言单位的所指共同构成。句子中的语词意义和短语意义都表达了语言单位的意义，句子中语词和短语的所指则是通过具体的语境得以明确的。句子在一定的语境中会具有一定的语力，但是语力不能被视为句子意义的必然结果，因为相同的句子在不同的语境中会具有不同的语力。

塞尔则认为不存在不带语力特征的句子。他指出，每个句子都有其潜在的语力，这些潜在的语力是句子意义的一部分，说话人说出这个句子所实施的言语行为是这个句子的意义的一种功能。对此，塞尔用“that 从句”来进行证明。

例 5–15

① ...that I’m coming.

上例中，①表达了“I’m coming”（我要来）这样一个命题。但作为一个从句，它在语法上是不完整的，必须从属于某一个主句。在不同的语境中，说话人可以将这个从句从属于不同的主句，让它具有不同的语力。

② I promise that I’m coming.

③ I warn you that I’m coming.

④ I tell you that I’m coming.

在②至④中，说话人在将该从句从属于不同的主句之后，其就具有了不同的语力。在实际的语用过程中，①这个形式不一定会出现在句子的表层结构中，但它一定存在于句子的深层结构中，而①这一形式就是句子语力的具体表现。因此，当说话人说出“I’ m coming”这一命题的时候，他必然实施了某种言语行为。

在塞尔看来，任何一个句子在一定的语境中必定存在一定的语力，而任何语力也都必须通过句子才能实现。另外，塞尔将“断定行为”“命题行为”“陈述行为”等严格区分开来。“陈述行为”和“断定行为”等属于“以言行事行为”。“命题”是“陈述行为”中所陈述的对象，是“断定行为”中所断定的对象，只有对“命题”的“表达”才是“命题行为”。

命题是通过句子来反映人或事物情况的思维形式。人或事物总是具有或不具有某种性质，或者和其他人或事物具有或不具有某种关系，它们总是处于某种情况之中。人或事物的这些情况反映在人的大脑中，就形成了各种命题。但是，反映人或事物情况的命题仅仅存在于人的大脑中，人们既看不到也摸不着。因此，人们只有通过句子才能将命题表述出来。命题的内容由两部分构成：一是命题中所涉及的人或事物；二是说话人对该人或该事物所作的论述。由于主语是被陈述的对象，而谓语是陈述主语的，所以命题内容的这两个构成要素基本上能和传统语法中的主语和谓语相对应。

说话人在说话时，首先会完成对命题的表达，之后再实施言语行为。换句话说，“命题行为”是说话人对“命题”的“表达”，而“以言行事行为”是说话人通过“命题行为”所实施的行为。因此，“命题行为”和“以言行事行为”是两个不同的行为，它们属于不同的范畴。对此，塞尔举了如下例子。

例 5–16

① Sam smokes habitually.

译文：山姆经常吸烟。

② Does Sam smoke habitually？

译文：山姆经常吸烟吗？

③ Sam，smoke habitually！

译文：山姆，你要经常吸烟！

塞尔认为，以上三句话分别为陈述句、疑问句、祈使句。说话人在说出以上这三句话时，虽然实施了不同的以言行事行为，但说话人在实施这些以言行事行为之前，都共同实施了一个命题行为，即指称了一个人（山姆），论述了关于山姆这个人的事件（吸烟）。因此，一个命题的“表达”是一个“命题行为”，而不是一个“以言行事行为”。所以，塞尔加入了“命题行为”，并将“命题行为”和“以言行事行为”区分开来。

塞尔正是基于以上的认识，才用“命题行为”取代了奥斯汀的“表意行为”，并将奥斯汀的“三分说”发展为“四分说”。塞尔认为一个完整的言语行为应由下面的四个部分组成。

第一，发话行为：指说话人通过发音器官发出声音，并按照既定的语法规则，将它们组合成合格的词或短语，再将这些词或短语组合成合格的句子。这些句子是命题的语言载体。

第二，命题行为：指说话人对“命题”进行“表达”，即以发话行为中的句子为语言载体，“指称”命题所涉及的人或事物并对该人或事物进行“论述”。

第三，以言行事行为：指说话人通过“命题行为”所实施的行为，它表明了说话人的意图，例如“请求”“许诺”“欢迎”等，其作用是以言行事。

第四，以言成事行为：指说话人实施“以言行事行为”之后所带来的结果，即说话人在实施“以言行事行为”之后，在听话人身上（思想、情感或者行动等方面）所产生的效果或影响，其作用是“以言成事”。

在言语交际过程中，说话人的各个言语行为是一个有机的整体：第一，说话人说出话语，完成发话行为；第二，说话人通过话语来表达一个命题，完成命题行为；第三，说话人通过命题行为实施一定的语力，完成以言行事行为；第四，说话人的话语在听话人那里会带来一定的效果或影响，即以言成事行为。

（二）言语行为实施的构成性规则

言语行为理论认为，说话就是做事情，它是人类的一种行为。这样一来，言语交际的基本单位就不再是人们过去一般认为的话语，而是诸如像“断定”“请求”“承诺”“感谢”等言语行为。说话既然是一种行为，它就必然和人类的其他行为一样，会受到一定规则的制约。那么人们在言语行为实施的过程中，应该遵守哪些规则呢？奥斯汀曾经提出了实施言语行为的“合适条件”，塞尔在此基础上进行了修改和补充。塞尔首先区分了两种规则，即调节性规则（regulative rules）和构成性规则（constitutive rules）。

调节性规则的作用在于对独立于规则之外的行为或活动进行调节。离开调节性规则，行为或活动仍旧存在，只不过会受到一定的影响。例如，人们到图书馆借阅书籍，如果不遵守相关的借阅规则，那么图书的借阅工作就会受到影响，会带来不必要的麻烦、混乱等，但是借阅的行为仍然存在。同样，排队规则也是一种调节性规则。没有该规则的调节，人们依然可以购物、乘车等，只是没有了原先的井然秩序，取而代之的是一种无序状态。

构成性规则本身就规定了或者能够创造出新的行为或活动形式，并对它们进行制约。离开构成性规则，与之对应的行为或活动就不复存在。

换句话说，每一种言语行为都有其特定的一套构成性规则，如果其中任何一条被违反，与之对应的言语行为就无法成立。为了寻找和确立言语行为的构成性规则，塞尔以“许诺”这一言语行为为例进行了探究。他的思路：首先分析要实施“许诺”这一言语行为需要满足的充分必要条件，然后根据这些条件去制定具体的构成性规则。塞尔认为，说话人要实施“许诺”这一言语行为，必须遵守以下四条构成性规则。

规则一：命题内容规则（propositional content rule），即命题需出现在话语或者比话语更大的语段中，该命题表明说话人将要做的某一件事。

规则二：预备规则（preparatory rule），即说话人相信他要做的这件事是听话人所希望的，说话人和听话人都知道，该件事是说话人在通常情况下不会做的。

规则三：真诚规则（sincerity rule），即说话人对其所做之事要真诚。

规则四：本质规则（essential rule），即说话人所说的话语使他承担起做这件事的义务。

以上四条构成性规则使得“许诺”这一言语行为得到确立，并对说话人构成了制约。说话人只有完全遵守了以上四条构成性规则，他所实施的言语行为才是“许诺”。

（三）以言行事行为的新分类

塞尔对奥斯汀的以言行事行为分类提出了严厉批评，指出这种分类法有一些重大缺陷。

在批判奥斯汀的分类的同时，塞尔提出了他自己的分类。为此，他首先陈述了他对以言行事行为进行分类的十二条标准，其中最重要的是前面三条：第一，行为的目标性，任何言语行为都是有目的的；第二，词语与世界的适应性或者使词语适应世界；第三，在所表现出来的心理状态上有区别。在《言语行为》一文中，塞尔把在完成以言行事行为时表现出来的心理状态称为这种行为的“诚实性条件”。他认为这三条标准是对以言行事行为进行分类的主要依据。按照这十二条标准塞尔区分了五种以言行事行为，也就是人们使用语言的五种方式：断定式、指令式、承诺式、表达式及宣告式。塞尔自认为他的分类比较严密，可以避免奥斯汀分类中出现的相互矛盾和重叠情况。其中最重要的是以下的四个方面。

一是行事要点的差别。行事要点是指说话人说话的目的或意图。例如，“命令”的目的是让听话人去做某事，而“承诺”则不同，其目的是说话人对自己将要做的事情承担一种义务或责任。

二是词语和世界之间的适切方向的差别。适切方向是指词语和世界之间的适从方向，它有四种表现。

①词语适从于世界，即说话人的话语要与客观实际相符。“陈述”的适切方向就是从话语到客观实际，因为说话人所做的陈述应该符合客观实际。

②世界适从于词语，即客观实际要与说话人的话语相符。“命令”的适切方向就是从客观实际到话语，因为此时客观实际要按照说话人所发出的命令去变化。

③双向适从，即世界适从于词语，词语适从于世界。“宣告”的适切方向就是双向适从，因为说话人的宣告行为一旦成功实施，就会造成客观实际和话语之间的相互一致。

④不存在适从方向，即不是词语适从于世界，也不是世界适从于词语。“表达类”行为就没有适切方向，因为说话人在实施该类言语行为的时候，既不试图通过话语来改变客观世界，也无须使自己的话语和客观世界相符。

三是所表达的心理状态的差别。心理状态是指说话人对所说话语表达的命题内容的态度。例如，当说话人在“断言”的时候，他对该话语表达的命题内容是十分确定的，即他相信该命题内容是真实的。当说话人在“请求”时，则表达出他想让听话人去做某件事的愿望。

四是命题内容的差别。命题的内容由两部分构成，一是命题中所涉及的人或事物，二是说话人对该人或该事物所作的论述。塞尔之所以把命题内容也作为区分以言行事行为的标准，主要是因为语力的显示手段会造成命题内容的不同。语力的显示手段主要包括“词序、重音、语调、标点、动词的语气，而最重要的是明确施为动词”。塞尔以上面的四个方面作为标准，将“以言行事行为”分为以下五大类。

1. 断言类（assertives）

说话人要对话语所表达的命题内容做出真或假的断定。换句话说，说话人要对话语所表达的命题内容的真实性做出承诺，他必须保证自己所说话语的真实性。

断言类的行事要点是说话人要保证所说话语的真实性，所表达的心理状态是“相信”，因为只有说话人对命题内容的真实性不抱任何怀疑态度，他才会做出相应的断定。其命题内容是一个变量，它取决于说话人所做出的判断。

表达该类言语行为的英语动词有 assert、claim、inform、state 等；表达该类言语行为的汉语动词有陈述、声称、断言、宣称等。

2. 指令类（directives）

说话人通过话语让听话人去做某事。这种指令可以是平和的“建议”，也可以是强硬的“命令”，等等。

指令类的行事要点是说话人试图让听话人做某事，所表达的心理状态是“愿望”或“希望”，因为只有当说话人想让听话人去做某事时，他才会发出相应的指令。命题内容是听话人实施将来的某个行为。

表达该类言语行为的英语动词有 ask、demand、order、request 等；表达该类言语行为的汉语动词有请求、命令、建议、要求等。

3. 承诺类（commissives）

说话人对其将来要实施的某个行为做出承诺，即说话人承担某种义务去做某事。如下例所示。

例 5–17

我承诺按期提交调查报告。

承诺类的行事要点是说话人承诺自己将要做某事。在上例中，说话人既然对按期提交调查报告做出了承诺，他就必须说到做到。其适切方向是世界适从于语词，因为说话人通过承诺让自己去做某事，使客观世界发生变化，并以此来兑现自己的承诺。该类行为所表达的心理状态是“意欲”，因为如果说话人不想去做某事，他就不会做出承诺。相反，只有说话人想去做某事，他才会做出相应的承诺，也才会为此承担起相应的义务。命题内容是说话人将要实施某个行为。

表达该类言语行为的英语动词有 guarantee、promise、undertake 等；表达该类行为的汉语动词有承诺、许诺、保证、发誓等。

4. 表达类（expressives）

说话人通过对话语命题内容所涉及的事态来表达其某种心理状态。

表达类的行事要点是说话人对话语命题内容涉及的事态表达出自己的某种心理状态。

该类行为所表达的心理状态是一个变量，它取决于说话人对话语命题内容涉及事件的态度。命题内容则表明说话人或者听话人具有某种特性。只有当他们各自具有了某种特性，说话人才会对此表示出自己的心理状态。例如，当说话人由于说错了话或者做错了事才会向对方表示歉意。同样，在听话人身上发生了值得高兴、庆贺的事，说话人才会向他表示祝贺。需要强调的是，命题内容的真实性是实施该类言语行为的前提条件。

表达该类言语行为的英语动词有 apologize、congratulate、thank、welcome 等；表达该类行为的汉语动词有祝贺、感谢、谴责、同情等。

5. 宣告类（declarations）

说话人通过话语来改变其所提到的人、事物或事件的现状。

宣告类的行事要点是说话人使客观世界与其话语的命题内容一致。这与之前提到的指令类和承诺类非常类似，但又存在着明显的区别。在前两类中，客观世界与话语一致性的达成需要经历一个过程，只有当听话人按照说话人的指令去做了某事，或者只有当说话人完成了自己承诺的事情，客观世界和话语才能达成一致。但是在宣告类行为中，客观世界与话语一致性的达成是即刻之间的。宣告类行为的适切方向是双向适从，即世界适从于词语，词语适从于世界。该类行为是说话人通过话语来引起相关事态的改变，而不是为了表达某种态度，因此，它不涉及说话人的心理状态。

和断言类一样，宣告类行为的命题内容也是一个变量，它取决于说话人话语所涉及的事件。值得注意的是，宣告类言语行为一旦被成功实施，其必然会引起客观世界的改变，但是该类行为的成功实施，离不开一定的非语言要素，如社会规约或习俗等。宣告类行为的要求说话人要具备实施该行为的地位或权利。

表达该类言语行为的英语动词有 appoint、christen、declare nominate 等；表达该类言语行为的汉语动词有宣布、任命、宣判、命名等。

从逻辑的视角来看，分类最重要的就是首先必须要有一个明确的分类标准，否则就会出现一系列的逻辑错误。由于塞尔对以言行事行为的新分类建立在一个比较明确的分类标准之上，所以与奥斯汀的相比，更具合理性。但同时人们也应看到，言语行为是一个庞大的“家族”，要对其“成员”进行准确的划分，并非易事。这样一来，在分类中就难免出现交叉重合的现象。塞尔自己也注意到了这种情况。

在一些语境下，说话人的言语行为既有断言的色彩，又含宣告的意味。换句话说，这类行为不仅涉及说话人对所说话语命题内容真实性的断定，而且也涉及说话人通过话语来引起客观世界的变化。塞尔把这一类型的言语行为称为“断言宣告类”（assertive delarations），并将其作为宣告类的一个副类。其实只要仔细观察，其他类别之间也会出现交叉。

塞尔对以言行事行为的新分类虽有不足之处，学术界对其也有一些争议，但迄今为止，它仍然是大家一致认可并接受的、比较合理的、科学的分类，一直都被人们广泛地采用。

（四）间接言语行为

间接言语行为理论的提出是塞尔的最大贡献所在。在《间接言语行为》一文中，他指出意义就是说话人说什么就意指什么（字面用意），在这种情况下说话人的用意是产生某种以言行事行为的效果，而这种效果是听话人通过对支配话语的规则的掌握来理解说话人的意图的。但事情并非总是那么简单，在一些情况下，如暗示、讽刺、比喻等，说话人说出的话的意思与句子本身的意思并不是一致的。其中的一种情况是说话人说出的一个句子，不仅表示其字面用意，而且有别的用意，如下例所示。

例 5–18

I want you to do it.

这句话作为陈述的意义是次要的，而主要的是提出一个请求。塞尔认为间接言语行为理论要解决的问题是说话人如何通过字面用意来表达间接的言外之力（用意），或者说听话人如何从说话人的字面用意中推断出其间接的言外之力。塞尔指出："在间接言语行为中，说话人向听话人传递字面用意以外的意思所依赖的是双方共有的背景知识（语言的及非语言的），以及听话人的推断能力。"具体地说，理解或传达间接言语行为有四条依据。

①言语行为理论，特别是要了解人们如何以言行事。

②语用含义理论，特别是要了解会话含义理论中有关合作原则的各准则的遵守和违反可能形成的语用含义。

③说话人的知识和听话人所理解的语境信息。

④听话人的知识及推断能力。

塞尔认为间接言语行为可分为规约性间接言语行为和非规约性间接言语行为。所谓规约性间接言语行为，是指对"字面用意"做一般性推断而得出的间接言语行为，即根据句子的句法形式按习惯可以立即推断出间接的言外之力，规约性间接言语行为的应用主要出于对听话人的礼貌表现，这些句子大体上都可以在动词前或句子末插入一个 please。非规约性间接言语行为则较为复杂，听话人主要依靠说话双方共知的语言信息和所处的语境来推断。塞尔举了一个如下的例子。

例 5–19

X：Let's go to the cinema.

Y：I have to study for the exam.

根据塞尔的分析，Y 的间接言语行为"拒绝"的推断步骤如下。

①X向Y提出“建议”，Y做出“陈述”，说他要准备考试（答话的命题内容）。

②X设想Y遵守会话含义理论的合作原则，因此Y是恪守合作原则中的关系准则的。

③X设想一个相关的应答必须能够表达下列任何一种言语行为（“接受”“拒绝”“另行建议”“进一步考虑”等）。

④但是Y的应答的字面用意并没有表达上述任何一种言语行为，因而设想他是故意违反合作原则的关系准则。

⑤因此Y大概要表达字面用意之外的更深一层的意思。设想他是遵守合作原则的关系准则的，所以Y的应答必须具有非字面的言外之力。塞尔认为这一步至关重要，除非听话人能推断出非字面的言外之力与字面用意不同，否则他是没法理解间接言语行为的。

⑥X知道准备考试是要花大量时间的，他也知道去看电影也要花时间。

⑦因此Y不可能在一个晚上既看电影又准备考试。

⑧接受建议必须符合某些“合适条件”，其中的先决条件是在命题内容的条件下，听话人有能力实施预期的行为。

⑨因此X知道Y说了一些表明他可能无法接受自己的建议的话。

⑩因此Y的非字面的言外之力大概就是“拒绝建议”。

这个例子中所涉及的推断策略：首先是确立字面用意与其言外之力有所不同，然后判断这种言外之力是什么。塞尔在《间接言语行为》一文中所提出的论点是该实例中据以推断的理论依据，足以解释间接言语行为的一般现象。这些理论依据是双方共有的背景信息、言语行为理论以及某些会话原则。塞尔认为，“在间接言语行为中，对指令式间接言语行为的研究是最有用的，因为会话对礼貌的要求常常使直截了当的祈使句或显性施为句显得别扭，因此我们往往通过间接的手段来达到以言行事的目的”。

第二节　言语行为的特征

外语学习者都知道，要使用一门外语进行交际，仅学会发音、掌握语法结构和一定词汇是不够的。学外语的目的是“做事”。人们需要使用语言来提问、问好、表示谢意以及实现其他更为复杂的目的。许多时候这类目的是用语言形式表示的，比如用标点或语调来表示提问、感谢等。但是实际情况并非完全如此，如下例所示。

例 5–20

A：Are you going to buy funds these days？

B：a. Are you crazy？

b. Do you think I’m crazy？

上例中 B 的两个应答都是以问号结尾的，却不会有人回答“Yes，I will”。

A 用的是一个常规问句，回答应该是“Yes”或“No”或“I’ve not decided”。A 会明白 B 的回答也是“No.”当人们用一门语言进行交际时，会发现“一句话的一部分意义来自它的社会功能”。也有学者指出，说话人的目的是让听话人听到、听懂他的话，并对此有所反应。

例 5–21

① Please close the window.

② It’s a bit chilly in the room.

说话人的第一个目的是让听话人听到他的话，因此说话人的声音必须足够高，说话人的英语发音也应尽可能规范，让听话人感觉出他是在说英语。说话人的第二个目的是让对方听懂，为此他要使用正确的构词造句规则和合适的词。接下来，如果说话人说的是句①，听话人只需要懂得“请把窗关上”并照着去做就够了；如果说话人说的是句②，听话人仅懂得对方说的是“屋里面有些冷”还不够，还得用自己的语言知识和非语言知识来揣摩说话人话语的社会功能，即他为什么这样说——希望有人把窗关上。

如果听话人这时候“有所反应”，起来把窗关上，说话人的三个目的就都达到了。用奥斯汀的术语来说，这种言语的社会功能就叫作言语行为。言语行为的特征是它的互动性和语境依赖性。“互动性”指说话人需要和别的该语言使用者处于互动状态才能完成交际功能，即必须在言语上“你来我往”才能保证说话人话语中社会功能的传递。在一些场合互动性比其他场合更为重要。

奥斯汀举过一个打赌的例子：如果一个人对某人说要和这个人赌 10 英镑他不会当选，打赌这一行为并没有完成，只有当对方回应说“OK”或“You’re on”，这一行为才算完成。当然，对方将一张 10 英镑钞票拍在桌上的效果和说“OK”是一样的，这就是说听话人必须以适当的言语或行为来回应说话人的话语，才能使其成为交际。有时候这种应对的格式是固定的（如“How are you？”对“I’m fine.”“How do you do？”对“How do you do？”），否则这一问候行为也不能被认为已经完成。

清末民初有这样一个习俗：当客人（特别是地位低于主人的客人）在来访中看到主人端起茶杯说请喝茶时，应该马上起身，说些类似“大人保重，晚生就此告辞”之类的话，然后离开。这叫“端茶送客”。这样一种行为必须有两人的互动，即配合。如果主人端起茶杯说请喝茶而客人只喝茶不告辞，“端茶送客”这一言语行为就没有得以完成。另外，一些言语行为的互动性不似上面那样明显，例如，学生问一个问题，提问的行为就算完成了，然而没有应答的提问既没有达到预期目标，又无法使交际继续下去（比如不便再提问），这也会引起一些不必要的尴尬，说话人或旁观人往往需要设法补救，例如，再问一次，或旁观者对听话人进行提醒，等等。

简而言之，互动性指一种圆满的言语行为取决于说话双方的共同努力。

语境依赖性又包括两个方面。一方面，许多言语行为都是由所在社会的习俗支撑的，其中有一些依赖性非常明显，例如某一行为必须由有关人士在适当场合才能完成，如下例所示。

例 5–22

法官在法庭上说：“I sentence you to hang by the neck until dead.”（我判决你被处绞刑。）

牧师在教堂说：“I now pronounce you man and wife.”（我宣布你们俩结为夫妻。）

总统在正式场合说：“I declare a state of natural emergency.”（我宣布国家处于紧急状态。）

本例中的句子都是这方面的经典例子。很明显，不是任何人都能把上例中说话人的话变成一个有效的言语行为，而这些有关（法官、牧师、总统等）人士也不是在任何环境下都可以这样做的。其他言语行为也同样受制于社会习俗。比如称呼一个人时要受制于话语双方的年龄、性别、社会地位等，称一个人“王老”是因为他年龄较大，且又德高望重；“老王”则表示说话双方的各方面情况差不多；“小王”则凸显说话双方的年龄差距：“王铁头”“王长手”等则显示出双方的亲密关系；“王处长”“王叔叔”“王老板”等都无不彰显人们在称呼时对各种社会因素的考量。提问、问好等常见言语行为也是如此。

另一个方面，言语行为依赖话语发生当时当地的具体语境。同一句话语在不同语境（场合）可以产生不同的言语行为。如“There is a man at the gate.”（大门口站了一个人。）在不同语境中可以用以表示不同的情感。

①关心——让听话人出门注意些。

②威胁——警告听话人要小心点。

③让对方安心——说明那人会帮听话人。

④嘲笑——表明人家有男友，别瞎操心。

第三节　言语行为理论在英语语用教学中的应用

一、基于言语行为理论的英语教学内容

首先，在对某一特定的言语行为进行教学时，教师要尽可能全面地介绍可以用来实施它的语言形式。教师需向学生强调句子结构和句子的施为用意之间并不是简单的一一对应关系。一定的施为用意可通过多个不同的话语实施。例如，请求对方关窗这一行为，视交际对方而定。

由此可见，无论是理解还是产出话语，语境都起了不可或缺的作用。教师在教学中应不断向学生强调语境的重要性，在讲解言语行为，给出不同语用一语言形式的示范时，最好都带上相应的语境信息，强调不同语言形式要使用相对应的语境信息，如权势、亲疏关系以及事件强加程度等。帮助学生在语境中比较不同语言形式间的语用差异，让学生不管在理解还是实施言语行为时都养成关注语境信息的习惯，进而帮助他们在实施言语行为时根据不同的语境选择恰当的语言形式。

同时，教师应该帮助学生识别间接言语行为。上面笔者已经提到同一种言语行为可通过不同的语言形式得以实现，不同的形式之间存在直接和间接之分。对于直接言语行为，由于施为动词的存在，第二语言学习者较易识别，但间接言语行为由于缺乏明确标志，学生辨别起来就存在一定的困难。尤其是在与英语本族语者交流的时候，若缺乏识别间接言语行为的能力，不能正确辨别言语行为，就可能出现交际失误。因此，培养学生识别间接言语行为的能力就显得非常必要。

另外，在教学中，教师还要帮助学生识别和使用规约性的言语行为。在介绍间接言语行为理论时，笔者已经提到间接言语行为有规约性和非规约性之分。规约性的言语行为指的是在特定的社会和文化背景下，在形式上已经固化的，可通过特定的程式化语言特征进行识别的某些言语行为。

例如，在进行请求时，英语本族语者就常使用“Could you please...？”，那么，在教学中教师就可以重点介绍这样的程式化语言形式，帮助学生建立这些语言程式与特定言语行为之间的联系。这样一来，教师可以帮助学生在与英语本族语者交流时根据相应的情境正确识别对方的施为用意，更加恰当地表达自己的施为用意，使他们交流起来更加自然。

其次，教师还应向学生强调相同的语言形式可以实施不同的言语行为。前面笔者已经提到句子结构和施为用意之间不存在一一对应的关系，既然一定的施为用意可通过不同的语言形式表达，那么同一种语言形式也可以用来

实施不同的行为，如下例所示。

例 5–23

It’ s cold.

该句可以被简单地理解为对事实的陈述，但若结合不同的语境，则可被理解为完成了不同的言语行为。例如，如果交际双方同在一个窗户大开的房间，则说话人很有可能是希望听话人关上窗户，实施了“请求”这一间接言语行为；如果说话人是看到听话人在大冷天只穿一件薄外套准备出门，则很有可能是“建议”他再多穿一点；如果交际双方是在候车室等车的陌生人，那么该句则很有可能是“寒暄”，为对话的开启做铺垫。

教师还应该帮助学生了解不同文化中言语行为实施时的语用差异，一系列的研究比较了英汉言语行为的实施方式或者言语行为的文化属性，发现不少言语行为在英汉语中具有不同的文化属性、由不同的方式得以实施。

例如，针对请求的研究发现，汉语中直接请求并无不妥。国外学者对《红楼梦》的研究也发现，尽管书中出现了礼貌标记语、程度降低语等礼貌策略，《红楼梦》中 90% 的请求都是通过直接祈使句完成的。同样，还有学者通过对 20 名中国在校本科生的调查也发现，当权势关系相当或社会距离较近时，汉语倾向于使用直接请求。相反，英语中的请求却倾向于通过间接、缓和的方式实施。与之类似，关于建议、称赞、回复、邀请等众多言语行为的研究都显示，英汉语中很多言语行为都具有不同文化属性、通过不同方式得以实施。这样的文化差异很有可能会导致语用失误。在结合外语教学避免语用失误方面，洪岗指出，要特别注意教授汉语和英语在实现言语行为和理解言语行为方面的差异。因此文化差异也是教师言语行为教学的重点之一。

最后，教师还要培养学生识别扩展的言语行为的能力。言语行为不一定以孤立的形式出现，还可以以序列形式出现。在真实生活中，言语行为经常还伴有前序列（pre-sequence）及后序列（post-sequence）言语行为。教师在教学中最好避免总是介绍孤立的言语行为的情况。

教师在介绍某种言语行为时不要只是给出单独的一句话，最好以会话的方式展示给学生，帮助他们发现完成某种特定交际意图的言语行为序列。例如，教师通过会话分析的方法描述和分析真实会话的组织特征，以便进一步揭示话语理解和语言交际背后的逻辑，帮助学生在实际应用中更自然、合适地达到自己的交际目的。这样，教师就可以帮助学生识别对话中完整的言语行为序列，帮助他们判断从哪里到哪里完成的是同一个言语行为，这个言语行为主要的施为用意是什么，以及哪些是从属行为，这些行为是怎么辅助主导言语行为实施的。

二、基于言语行为理论的英语教学手段

有关言语行为习得和教学的研究十分丰富，涉及的言语行为也比较全面，如请求、致谢、恭维、回应、拒绝、道歉等，这些研究提供了不少值得教师借鉴的成果。在这节中，笔者将结合这些国内外言语行为习得与教学的相关研究成果，进一步展开教学方法的讨论，系统探讨怎么教言语行为的问题。

（一）通过突出元语用指示帮助学生建立形式—功能—语境链接

迄今为止，对语用习得干预研究影响最深的第二语言习得理论，是施密特提出的注意假设理论。根据该假设理论，第二语言学习者必须首先在输入中注意到目的语的某些特征，然后才能习得这些特征。因此，结合语用习得，学习者首先能够注意到相关的语言形式、功能含义和相关语境特征便成了将语用输入转化为吸收的必要条件。因此，一系列研究通过不同指示方法来促进形式—功能—语境链接的形成。这些指示方法包括了显性的元语用信息指示、输入增强法、意识培养法以及语用—语言形式的重复等。有学者就以请求言语行为为例进行了研究，比较显性和隐性教学干预对第二语言语用习得的影响。研究发现，虽然显性指示和隐性指示相较于无指示控制组而言都有更好的效果，但在3周后的延迟实验中，只有显性指示实验组保持了习得效果。同样，显性的语用指示的优越性也在其他实验中得到证实。为了进一步对显性和隐性指示效果进行比较，高桥对1980年以来在第二语言语用习得领域公开发表的49篇干预研究论文进行了回顾，得出了很多能够启发第二语言语用习得与教学的结论。

首先，高桥进一步证实了显性指示的优越性，重申了元语用指示对语用发展的重要性。

其次，他还证实了显性元语用指示的强耐久性很有可能是因为第二语言习得者在这样的显性指示中投入了更多的认知努力。

基于以上研究结果，教师在言语行为的教学中就可通过凸显元语用指示的方法来帮助学生建立英语中特定言语行为的形式—功能—语境链接。所谓的形式—功能—语境链接就是指某种言语行为在特定的语境下通过特定的语言形式完成。根据列文森的礼貌框架，语境又可进一步分解为权势关系（power status）、社会距离（social distance）以及强加程度（degree of posing）。由于言语行为与语言形式间并无一一对应关系，为了帮助学生更加恰当地实施某种言语行为，教师必须同时介绍该种言语行为的语言形式所适用的语境信息，从而建立起形式—功能—语境链接。例如，进行请求言语行为教学时，首先教师可以简要介绍一下请求的功能，即通过该言语行为让听话人做某事，

和建议相比，其强加程度更强，会对听话人的面子构成威胁。因此，选择请求策略或形式时应根据不同语境注意礼貌问题。又如，在介绍主导性言语行为时，可以向学生介绍以下形式—功能—语境链接。

①当交际双方社会权势相当，熟悉对方（例如双方为好朋友），且请求事件强加程度弱（例如递一下书）时，可以使用由情态动词引导的间接请求策略，如“Can you pass me the book？”（你可以把那本书递给我吗？）。

②当说话人比听话人社会权势低（例如学生对老师），且请求事件强加程度较强（如推迟考试时间）时，最好使用更加委婉的规约性间接请求问句，如“I was wondering whether I can take the exam later.”（我想知道我能不能推迟考试时间。）。

这里教师需要注意的是，除了考虑对形式—功能—语境链接合适性进行介绍之外，教师还需要在一个语境下尽可能多地介绍合适的语言形式，帮助学生建立对应的语用—语言链接。不少研究者发现语用—语言形式的习得往往比社会语用合适性的习得更加缓慢。很多时候，学习者倾向于在一种语境下依赖于很少的几种语用—语言形式，甚至用一种语言形式来实现特定言语行为。因此，教师对语用—语言形式的介绍就显得十分必要。

当然，既然诸如请求这样的指令性言语行为会对听话人的面子构成威胁，那么说话人就应根据语境尽量采用合适的礼貌策略来缓和语气。除以上提到的采用间接言语行为之外，教师还可以向学生介绍其他礼貌策略，例如使用情态动词（如 can、may）、程度减弱语（如 perhaps、maybe）、礼貌标记语（如 please）和虚拟语气词等。

此外，言语行为不一定以孤立形式出现，还可以以序列形式出现（序列中的言语行为分为主导性言语行为和从属性言语行为）。事实上，笔者前面提到的形式—功能—语境链接和礼貌策略主要是针对主导行为的。所谓主导行为，是指除其他成分以外，可独立体现施为用意的最小言语行为单位。因此，在考虑礼貌策略时，教师还可以向学生介绍由从属性言语行为构成的辅助语步（supportive moves）。在此基础上，若学生能力允许，教师可以运用元语用指示结合话语分析的方法帮助学生进一步习得言语行为序列。就请求而言，教师可以强调，在真实生活中，除主导性言语行为（即请求）之外，还经常伴有前序列及后序列，并给出最简单的请求行为序列指示。

在使用话语分析方法分析言语行为序列的同时，教师还可以帮助学生分析上一步提到的礼貌策略等内容。当然，根据学生水平，言语行为序列的教学不一定要与主导性言语行为在同一个课时内完成。教师可以根据后面会提到的练习考察学生的掌握情况，灵活调整教学安排。

（二）通过输入练习帮助学生巩固形式—功能—语境链接

除输入假设以外，近年来不少研究者也将输入加工理论和现在第二语言习得研究中备受瞩目的议题重复、练习和频率的关系引入到中介语语用习得研究中。根据范•帕腾的输入加工模型，加工指示起始于介绍形式—意义链接，而后是一系列的输入性练习。泷本将其运用到英语作为第二语言请求的习得中，发现这种基于理解的指示对语用理解和产出都有积极效果。为了进一步测试输入加工练习的效果，他考察了重复输入加工练习对英语请求习得的影响。他运用可接受性判断测试和语篇补全测试比较了不参加任何练习、重复同样练习和重复类似练习的 3 组受试者的情况。

结果显示，参加输入练习的两组受试者习得效果比不参加任何练习的小组好；尽管参加输入练习的两组受试者在理解层面，即可接受性判断测试中未表现出显著差异，但进行产出，即语篇补全测试时，重复同样练习组表现明显优于重复类似练习组。泷本认为，这样的结果很有可能是因为重复同样的练习让学习者参与了更深层次的认知加工；当面对同样的练习内容时，他们有更多精力用于记忆和注意需要习得的形式。

有研究者同样采用了范•帕腾的输入加工模型，研究汉语作为第二语言的请求言语行为实施情况。实验中，受试者首先接受了同样的元语用指示来构建形式—功能—语境链接，然后进行口头语篇补全测试和语用听力适切性判断的前测。随后，受试者被随机分为对照组、普通练习组以及双倍练习组。在接下来的两天中，普通练习组和双倍练习组分别进行数量不同的输入加工练习，然后与参照组一起进行后测。结果显示，在语用听力适切性判断测试中，3 组没有明显差异。这很有可能意味着对于判断请求言语行为的合适性而言，元语用指示已经足够了。对于请求产出而言，在口头语篇补全测试中，相较于对照组，普通练习组和双倍练习组均取得明显进步，且双倍练习组优于普通练习组。这种进步被归功于元语用指示之后的输入加工练习。同时，该实验也进一步证实了重复或者增加练习量对语用产出的积极作用。

基于以上研究，在进行言语行为教学时，教师可以在元语用指示之后，为学生安排相应的输入加工练习，以此巩固形式—功能—语境链接。

目前而言，多少练习数量为最佳尚未有定论。因此，在教师的教学中，教师可以根据学生的语言水平、语用水平等灵活调整练习数量及重复次数。当然，为了提高学生的学习兴趣，在选择练习材料时，教师可以从学生感兴趣的电视剧或电影中截取视频、音频片段，或者根据他们感兴趣的话题选取阅读材料。

（三）通过语料展示帮助学生认识言语行为的文化属性

如何在教学中帮助学生认识言语行为在英语和汉语中不同的文化属性以及实施方式呢？通过对有关语用指示的研究进行回顾后可以发现，这些研究的一个共同点便是强调通过让学生收集、分析言语行为语料的方法，激励他们主动参与活动。因此，教师在教学中可以按照以下步骤来帮助学生认识言语行为的文化属性。

①首先让学生在现实生活、小说、电影、电视剧中收集汉语中出现建议的对话，并对语境进行记录。

②通过话语分析的方法带领学生分析汉语建议的社会语用以及语用语言因素。

③通过音频、视频等方式向学生展示英语中建议言语行为的实施方式。

④通过话语分析的方法帮助学生分析英语建议的社会语用及语用一语言因素。

⑤让学生结合语料，比较②和④中的汉语和英语建议各因素，总结建议在汉语和英语中实施的异同。

通过以上方式，教师可以让学生意识到某种言语行为在汉语和英语中具有不同的文化属性。然而只意识到不同是不够的。那么，如何帮助学生进一步习得该言语行为在英语中恰当的实施方式呢？在后面几节中笔者将针对该问题展开讨论。

（四）通过输出练习帮助学生检验、夯实言语行为习得效果

在外语环境下进行言语行为教学时，除了要培养学生关于特定言语行为的语用意识之外，在教学中安排产出练习也十分必要，因为学生需要这样交际实践的机会。语用教学的主要目标是培养学生的语用意识，而这样做是为了帮助他们熟悉不同的语用特征，并且在目的语中将所学内容加以实践。进行言语行为教学时，教师首先要展示所教言语行为最典型的实现方式，再对其所涉及的因素加以解释，最后应为学生提供练习所学言语行为的机会。

第六章　礼貌原则与英语语用教学

格赖斯提出的合作原则及其四条准则，阐明了交谈双方在言语交际时为了成功高效地进行交际所应该遵循的原则，它们在言语交际中的重要性是不言而喻的。然而，在实际交际的过程中，常常会出现故意违背合作原则各项准则产生会话含义的情况，这也是格赖斯会话含义理论当中讨论到的内容。那么，什么时候人们交谈时应该直接遵循合作原则及其四条准则，什么时候又需要故意违反合作原则及其四项准则，要以会话含义的方式让听话人去理解。为了回答这个问题，英国语言学家利奇在《语用学原则》中提出了另一条语用原则——礼貌原则，以此来作为合作原则的补充。因为出于礼貌，说话人在很多时候并不明言，而是使用间接的语言委婉地表达，故意让听话人推导其会话含义。

第一节　礼貌原则的主要理论

一、利奇礼貌原则的各项准则

概括地说，利奇提出的礼貌原则就是，在其他条件相同的情况下，把不礼貌的表达减弱到最低限度，最大可能地采用礼貌的方式进行表达。交际中的礼貌往往是不对称的，使听话人受益的语言，对说话人来说则是受损的，即以抬高他人、贬低自己的方式使他人受益，使自己受损。礼貌原则具体包括六条准则及下属十二条次准则。

①得体 / 策略准则（Tact Maxim）：尽量减少表达有损他人利益的观点。

a. 尽量少说让他人受损的话；

b. 尽量多说让他人受益的话。

②慷慨准则（Generosity Maxim）：尽量减少表达利己的观点。

a. 尽量少说有利于自己的话；

b. 尽量多说让自己吃亏的话。

③赞誉准则（Approbation Maxim）：尽量少贬责他人。

a. 尽量少贬低他人；

b. 尽量多赞誉他人。

④谦虚准则（Modesty Maxim）：尽量减少对自己的赞扬。

a. 尽量少赞誉自己；

b. 尽量多贬低自己。

⑤一致准则（Agreement Maxim）：尽量少表达与他人意见分歧的观点。

a. 尽量减少自己与他人的分歧；

b. 尽量增加自己与他人的一致。

⑥同情准则（Sympathy Maxim）：尽量减少表达与他人感情对立的观点。

a. 尽量少说与他人对立的话；

b. 尽量多说对他人同情的话。

利奇对这六条准则及其下属的十二条次准则并不是同等看待的。他认为六条准则中，得体准则最重要，讲的是礼貌的核心为利益均衡，目的是取得最佳的交际效果；谦虚准则最不重要，当它与其他任何准则发生冲突时，都必须服从其他准则。

每条准准则中第一条次准则比第二条次准则重要，即尽量避免不和关系，而不是尽量追求对话双方一致。利奇将礼貌分为“消极礼貌”和“积极礼貌”，前者指的是尽量减少不礼貌的行为和不礼貌的程度，避免关系的不和；后者指的是尽量增加礼貌的程度，尽量争取双方关系的一致。同时，利奇还指出，礼貌关注的重点是他人而不是自己，因此，“消极礼貌”比“积极礼貌”更加重要，如下例所示。

例 6–1

① If it would not trouble you too much...（消极礼貌）

译文：如果不会给你增加太多麻烦的话……

② I' m delighted to inform you...（积极礼貌）

译文：我很高兴地通知你……

上例中，①是“消极礼貌”，礼貌的重心在听话人身上，礼貌话语的目的是避免两者之间的不和，后续话语应对的决定权在听话人一方；而②则是“积极礼貌”，礼貌的重心在说话人身上，礼貌话语的重点是争取一致，后续话语对听话人来说并没有太多选择的余地。因此也可以看出，“消极礼貌”在实际交际中礼貌程度是高于“积极礼貌”的。

二、顾曰国的汉语礼貌原则

礼貌是有民族性的，不同文化背景的人对礼貌的认知并不完全相同。利奇提出的礼貌原则是建立在西方文化基础上的，并不能完全适用于中国文化，因此，顾曰国先生根据汉语言文化中的礼貌特征，在利奇的理论框架基础上提出了汉语礼貌原则。

（一）贬己尊人准则

“夫礼者，自卑而尊人”，在谈到自己或和自己有关的事物时要“贬”；在谈到听话人或与听话人有关的事物时要“抬”、要“尊”。如人们在提到别人的意见时，往将其尊称为“高见”，而提到自己的看法时，则称之为“拙见”。

（二）文雅准则

选用雅语，禁用秽语；多用委婉语，少用直言。例如，在商店里，售货员往往不直接问顾客：“你要买什么？”而是常说：“有什么可以帮您的？”。

（三）称呼准则

“上下有异，贵贱有分，长幼有序”，这句话指用适当的称呼，并且主动跟对方打招呼。如“王老”“陈师傅”“李大姐”等用以表现对年长之人的尊敬，而“小张”“乐乐”等则表现出对同辈或小辈的亲切。

（四）求同准则

“尚同”“满足对方”“赞同对方”，即交谈双方在诸多方面力求和谐一致，尽量满足对方要求。例如，当接到对方的邀请时，人们往往是“恭敬不如从命”。

（五）德、言、行准则

在行为动机上尽量减少他人付出的代价，尽量增大对他人的益处；在言辞上尽量夸大别人给自己的好处，尽量说小自己付出的代价，如下例所示。

例 6–2

甲：你真是帮了我大忙啊！

乙：哪里哪里，一点小事，举手之劳而已。

在顾曰国提出的汉语礼貌原则中，贬己尊人准则是核心准则，因此，其他四条准则都是围绕着这个核心展开的，如下例所示。

例 6–3

甲：你送给犬子的礼物太贵重了，这怎么好意思呢！

乙：只是一点小玩意儿，给令郎拿去玩就行了。

无论是在称呼方式上，还是交谈的过程中，始终都保持着对他人的“抬”，对自己的“贬”，夸大他人的好处，而说小自己付出的代价。

第二节 礼貌的文化特征与策略

一、礼貌的文化特征

布朗和莱文森，以及利奇都认为，他们的礼貌理论具有普遍性，这是他们受到指责的众多原因之一。因此，布朗和莱文森在 1987 年将书名 *Universals in Language Usage*: *Politeness Phenomena* 中的“*Universals*”改成“*Some Universalso*”。其实，他们也清楚地意识到礼貌受文化制约的特性了。

布朗和莱文森认为，面子问题虽然是一种普遍的现象，但在某特定社会中必须深入文化的深层去理解。他们说的“普遍性”的内涵包括以下三个方面。

①区分积极和消极的两种面子的行为具有普遍性。

②以满足对方的面子需求的理性行为具有潜在的普遍性。

③具有面子需求的、能实施理性行为的言语交际者之间的相互知识，具有普遍性。

利奇也认为，在不同文化中，礼貌原则中的各项准则，其重要性是不尽相同的。他指出：“东方有些文化社团（如中国和日本）比西方国家有更重视谦虚准则的倾向；讲英语的文化社团（尤其是英国）更重视策略准则和反语准则；地中海国家更重视慷慨准则，而不大重视谦虚准则。”经过对比研究之后，他得出结论，礼貌原则是具有普遍性质的，但礼貌原则下的各条准则，其重要性因文化、社会、语言环境的不同而有所不同。

因此，在承认礼貌的普遍性的同时，人们还必须认识到礼貌的相对性。也就是说，在不同的文化中表示礼貌的方式方法，以及人们用以判断礼貌的标准具有差异性。这种差异性是和在不同文化中礼貌的不同起源，以及长期历史过程中受社会、历史、地理等一系列文化因素影响而形成的文化价值分不开的，因此，探讨礼貌问题时，人们必须考虑礼貌的文化特征。

礼貌是一种可以观察到的社会现象，是一种为达到一定目标的手段而约定俗成的行为规范；礼貌的语言和礼貌的行为只是表层的现象，是特定文化价值在语言中的折射，只有深入文化的深层中去，才能透过这种表象，挖掘出其真正特征，才能成功地解释其本质特征。礼貌是不同文化背景的人都须遵守和维护的准则。讲究礼貌是人类社会的文明标志，但不同文化背景的社会具有不同的礼貌规范。例如，在所有文化中，谦虚都被看作礼貌的表现，利奇的礼貌原则也包含了谦虚准则，但不同文化背景的人在遵循这条准则时存在很大程度的差异。最明显的例子莫过于东方人（如中国人、日本人）和英美人对“谦虚”的不同态度。当人们受到赞扬时，讲英语的人一般都说“Thank you”以表示接受，他们认为，欣然接受对方的赞扬可以避免损害对方的积极面子，因而是礼貌的。而讲汉语的人一般竭力贬低自己，否定赞语的真实性，以示谦虚。例如，中国主人虽然准备了丰盛的饭菜请别人吃饭，仍然会说“没什么菜招待”“不会烧菜”之类的客套话，真正把对自身的贬损夸大到了最大程度，以此来表示礼貌，因此，中国人是十分严格地遵守谦虚准则的。这是因为“自卑而尊人”是汉文化中礼貌的核心成分。

隐私在所有的文化中都被认为是重要的，但是，隐私在英语文化中比在汉语文化中受到重视的程度明显要大得多。汉语文化中被认为是礼貌的行为在英语文化中可能是侵犯了一个人的隐私。在中国人看来，对他人表示关心和热情是礼貌的行为，甚至初次见面也会相互询问对方的年龄、婚姻状况、子女情况、职业、收入等。他们认为，相互询问一些情况可以缩短彼此之间的社会距离。

顾曰国回顾了礼貌这个概念在汉文化中的历史起源，并根据汉文化中的“德”“言”“行”的礼貌要求，对利奇的策略准则和慷慨准则进行了修订，同时提出了不同于西方学者的礼貌准则。他认为，礼貌在汉文化中有四个基本要素：尊敬他人、谦虚、态度热情和温文尔雅。尊敬他人指的是对他人的肯定、欣赏、顾及他人的面子、社会地位等；谦虚是贬己的另一种说法；态度热情指对对方的关心、热情；而温文尔雅指自己对他人的言行要符合某种标准。

顾曰国提出的礼貌第一要素——尊重他人，大致相当于维护说话人积极面子的愿望。第二要素——谦虚，其重要性虽然在不同的文化中不尽相同，但在很大程度上也具有普遍性，将谦虚解释为贬己则是中国的特色。第三要素——态度热情，则明显具有中国特点。第四要素——温文尔雅，则体现了礼貌的标准性特征，这在各种文化中是共同的，但迄今为止，西方学者似乎未对此进行描述。

顾曰国对礼貌的这一描述，兼顾了不同文化中礼貌的共同特点和汉文化中的个体特征，似乎更符合中国的实际情况。

总而言之，礼貌虽然是一种普遍的社会现象，但它又具有文化特征，不同文化对礼貌行为有不同的要求，不同文化赋予礼貌不同的内涵。

二、礼貌和社会因素

（一）礼貌与面子、理性的关系

礼貌本身是日常生活行为中具有道德或伦理意义的一条行为准则，包括人们为维护和谐的人际关系所付出的时间和精力。但是，礼貌这一概念一旦进入语用研究的领域，就有其独特的理论内涵。利奇对礼貌的界定比较模糊，相比之下，布朗和莱文森所提出的礼貌策略似乎清楚些。在他们看来，礼貌就是“典型人”（model person）为满足面子需求所采取的各种理性行为。他们的礼貌概念本质上是策略性的，即通过采取某种语言策略达到给交际各方都留点面子的目的。因此，布朗和莱文森的礼貌理论通常被称为“面子保全论”（face-saving theory）。

“面子保全论”首先设定参加交际活动的人都是“典型人”。典型人是“具有面子需求的理性人”，通俗些说，就是社会集团中具有正常交际能力的人。这种“典型人”具有两种特殊的品质：面子（face）和理性（rationality）。“典型人”所具有的“面子”即每一个社会成员意欲为自己挣得的那种在公众中的“个人形象”（the public self-image），它分为消极面子（negative face）和积极面子（positive face）两类。消极面子是指不希望别人强加于自己，自己的行为不受别人的干涉、阻碍。积极面子是指希望得到别人的赞同、喜爱。典型人所具有的“理性”，不仅指交际双方能运用一定的模式进行实际推理的能力，而且包括从交际的目标出发，确定达到这些目标所应运用的最佳手段的能力。只有具有面子和理性的典型人，才能使正常的交际得以顺利进行。

（二）面子威胁行为

许多言语行为本质上是威胁面子的，讲究礼貌就是要减轻某些交际行为给人们带来的威胁程度。社会交往中，人们既要尊重对方的积极面子，又要照顾到对方的消极面子，这样才能给对方留点面子，同时也给自己挣点面子，以免造成难堪的局面或使关系恶化。言语交际中的礼貌策略只是一种手段，使用礼貌策略这一手段的真正目的是为了更好地达到交际目的，满足人们的面子需求。面子是“典型人”的基本需求，所有“典型人”既有积极面子的需求，又有消极面子的需求，他们都有理性，都能选择一定的手段来满足一定的面子需求。

但是，有些言语行为具有固有的威胁面子的性质。也就是说，有些言语行为本质上与说话人或听话人的面子需求背道而驰，它们既可以威胁积极面子，又可以威胁消极面子；既可以威胁说话人的面子，又可以威胁听话人的面子。

1. 威胁听话人面子需求的言语行为

威胁听话人消极面子需求的言语行为是指说话人表明他干涉听话人行动自由的那些言语行为，主要包括以下内容。

①言及听话人某些将来的动作，并因此使其感到不得不去做这一动作，

或使之无法避免去做这一动作的言语行为，如命令、请求、提醒、建议、劝告、威胁和警告等。

②言及说话人针对听话人的一个未来的动作，并因此使听话人感到不得不接受或难以拒绝这一动作，并可能使之产生负责任的言语行为，如提供、许诺等。

③言及说话人对听话人的某种希冀，使听话人有理由认为或是应该采取行动保护说话人所希冀之物，或是将它送给说话人的言语行为，如赞誉、妒忌或羡慕；表达对听话人强烈的（负面）情绪表达（如憎恨、发怒）等。

威胁听话人积极面子需求的言语行为是指说话人表明他不关心听话人的感情、需求等，在某些重要方面视听话人的需求于不顾的那些言语行为，主要包括以下内容。

①对听话人的积极面子的某一方面做出负面评价的言语行为，如表示不赞同、批评、蔑视、取笑、抱怨、指责、非难、侮辱、挑战、反驳等。

②那些表现出说话人不在乎、不关心听话人积极面子的言语行为，包括表达（无法控制的）强烈感情；提及禁忌话题；给听话人带来坏消息，或说话人自夸的好消息；提出威胁感情或有分歧、有争议的话题；首次会面中唐突地使用称呼语，冒犯了听话人或使其感到难堪等。

2. 威胁说话人面子需求的言语行为

威胁说话人消极面子的言语行为主要有：表示感谢、接受听话人的感谢或道歉、请求原谅、接受提供、对听话人过失的反应、不是出于本人意愿的许诺和提供等。威胁说话人积极面子的言语行为主要有道歉、接受赞誉、自相矛盾、忏悔、承认有罪或有错等。

三、礼貌策略

布朗和莱文森认为，言语行为本质上是威胁面子的，所以，每个“典型人”都会寻求一定的方式去避免这些面子威胁行为，或采取某些策略去减轻言语行为的威胁程度。说话人要考虑三种需求。

①要向听话人传递信息的交际需求。

②要有效地或紧急地交际的需求。

③要在某种程度上维护听话人面子的需求。

如果第二种需求不是特别明显，说话人就会尽力减轻面子威胁行为的威胁程度。也就是说，礼貌是说话人为最大限度地维护听话人和自己的面子所做的努力，因此布朗和莱文森称礼貌为“补救策略”（redressive strategies），这些补救策略表明：说话人没有威胁听话人面子的意图，或试图减轻这种对面子的威胁程度。

布朗和莱文森提出以下五种补救策略。

①不使用礼貌策略、赤裸裸地公开施行面子威胁行为。

②积极礼貌策略。

③消极礼貌策略。

④非公开策略

⑤不施行面子威胁行为。

第一种策略就是尽可能直接地、清楚明了地向听话人表明自己的意图。一般来说，说话人以这种最直截了当的方式来施行面子威胁行为的策略，是不会担心听话人可能的报复的。在下列情况下，说话人可以以这种策略来施行面子威胁行为。

①情况紧急，或交际效率占据首位，面子需求退居次要地位。

②对听话人的面子威胁相当小，或可能没有威胁，如提供、建议等显然有利于听话人的言语行为。

③说话人的权势显然高于听话人，或说话人能赢得第三者的支持，诋毁听话人面子的同时不必担心丢自己的面子。

这种策略具体如下例所示。

例 6–4

① Don’t touch that！ It’s dangerous.

② Watch out.

③ Listen，I’ve got an idea.

④ Come home right now！

⑤ Come in，don’t hesitate，I am not busy.

⑥ Don’t worry about me.

下面将着重分析上面的②、③、④三种礼貌策略。

（一）消极礼貌策略

消极礼貌策略主要是说话人意欲部分地满足听话人的消极面子，基本需求是要维护听话人的私人领域和自我决策的权利，因此，它不同于积极礼貌策略，主要是以“回避为基础的”。说话人通过承认并尊重对方的消极面子的需要，不干预听话人的行动自由来满足对方的消极面子需求。其主要特征是谦让，回避出风头，自制而不夸夸其谈，其注意力放在听话人的个人形象上，集中于听话人不受干预的需求。消极礼貌策略的典型语句形式是含有情态动词的问句。这一策略在形式上通常比较复杂，表达的语义比较模糊，语气比较委婉，这说明说话人是为了照顾听话人的面子，而不仅仅是有效地传达信息。布朗和莱文森提出十种消极礼貌的策略，包括说话迂回、模棱两可、尊重对方、避免突出个人、表示悲观、道歉等。

（二）积极礼貌策略

积极礼貌策略就是满足听话人的积极面子需求，使听话人所要求的个人形象与说话人在言语行为中体现的听话人的个人形象达到一致。因此，积极礼貌是以“接近为基础的”。说话人表明自己与听话人之间有某些共同之处，以满足听话人的积极面子需求。一般说话人与朋友、伙伴交谈时会使用积极礼貌的策略，但这种策略，容易遭到拒绝，因此，说话人通常采用“套近乎”的谈话方式。布朗和莱文森提出了十五个积极礼貌的策略，包括寻求一致、避免不和、假设有共同点、表示伙伴关系、提高听话人的兴趣、注意听话人的需要等。

（三）非公开策略

非公开的礼貌策略属于补救程度较强的策略，布朗和莱文森将之视为减少面子威胁策略中最为礼貌的策略，因为采用这一策略时，语言对面子的威胁是非常间接的。说话人采用此策略可以得到的一个好处是，自己可以避免对听话人存在潜在的面子损伤之嫌，会得到说话有策略的赞誉，因为说话人的言语行为比较模糊，使得听话人有可能从另一个角度对之加以理解。这样，说话人对特定的意图就不会有责任。而且听话人既可以躲避潜在的面子威胁，又可以给他以表现关心他人的机会。如说话人说了“It’ s hot here.”（这里很热。），听话人如果理解了说话人的意思，就可以说“Oh，I’ ll open the window then.”（噢，我一会儿打开窗户。），这样，听话人可以得到慷慨、关心他人、考虑周到等赞誉，而说话人则可以避免乱提要求而威胁听话人的面子之嫌。布朗和莱文森也提出了十五种非公开的礼貌策略，包括暗示、夸张、暗喻、模糊、反语、低调陈述、修辞设问、同义反复等。

第三节　礼貌原则在英语语用教学中的应用

基于前节对礼貌理论的讨论，大家对西方经典礼貌观和新的礼貌理论都有了一定的了解，明确了其发展脉络。本节笔者将讨论礼貌原则在英语教学中的应用，供英语教师和学习者参考。

一、区分绝对礼貌与相对礼貌

首先，英语学习者要掌握绝对礼貌和相对礼貌的关系。绝对礼貌，顾名思义，就是绝对意义上的礼貌，只考虑语言形式，不考虑话语所处的语境，如下例所示。

例 6–5

① Open the door.

② Open the door， please.

③ Can you open the door？

④ Could you open the door？

在不考虑语境的情况下，上例中 4 句话表征的礼貌程度不言而喻，随着其语言的间接程度递增，礼貌程度也呈递增趋势。可见，绝对礼貌的衡量是单方向的，主要取决于话语的词汇、语法形式及其语义。

相对礼貌的评价必须依赖特定社会、群体或环境的规约，话语是否礼貌取决于讲话的对象和双方的关系。在上例②中，如果该句的说话对象是陌生人、上级、长者，那么它是礼貌的；如果对方是好朋友、下级、幼者，该句则显得过于礼貌，甚至矫情，得体性不够。可见，相对礼貌的评判是双向的，具有语境敏感性。

绝对礼貌和相对礼貌的区分对于学习者学习英语中的礼貌是很重要的。仅仅掌握英语中的绝对礼貌是不够的，无异于纸上谈兵。语言是灵活的，交际是动态的。人们不可能用一成不变的语言形式套用在互动的现实交际中，这样只会导致交际的失败，达不到预期的目的。因此，英语学习者首先应当掌握绝对礼貌的表征，在此基础上，再结合具体的语境因素，灵活、得体地展现相对言语礼貌。

二、关注礼貌的建构性

教师在礼貌教学实践中还应当关注礼貌的建构性。礼貌不是一成不变的，换言之，礼貌不仅仅是规定性的，它还具有其建构性。学习者掌握了相关的礼貌知识并不意味着他们在礼貌方面已经合格了，可以胜任任何交际场合了。事实上，说话人和听话人运用语言进行交际，呈现出构思、发话、传送、接受和理解双方的信息、思想、情感、意向等的过程。此过程中需要每个参与者的积极参与和彼此间的互动。只有交际一方积极投入的交际不能被称为交际，更算不上是成功的交际。

按照常识，对某个特定的人的称呼语应该是固定的，但现实交际中往往并非如此，而是会有一个协商、达成共识的过程。在英语中，人们更情愿他人对自己直呼其名，可以用比较诙谐的方式提示、建议对方，如“But I answer quicker to Bill”。可见不论是在汉语还是在英语中，称呼语都要兼顾到交际双方、交际场景、礼貌考量等因素，要灵活运用，才能确保交际的礼貌程度，让交际双方感到自在。

教师在礼貌教学中应辅以实例，展示和分析实际语言使用中的礼貌表达，相对应的礼貌准则、适用的语境情况等信息，让学习者有直观的感知和输入。夏夫利指出学习者要接触真实的目的语输入。因此，在礼貌教学中，教师可先行讲解礼貌知识。显性的语用知识讲授效果更为显著，可以提升习得速度。语言信息输入的效果还受到复现频次和凸显度的影响，即输入语言项目的特征越明显，重复率越高，就越容易引起学习者的注意。从这个角度来看，足够的凸显度和适量的重复也是礼貌教学中必须考虑到的问题。另外，外语学习者与本族语者无法持续进行交流的原因在于传统的教师和教材无法提供足够的恰当的语用输入，可见，要使学习者能够用目的语产出符合用语规范的言语表达，输入正确、真实的语言实例是十分关键的。输入的方法可以是多种多样的。例如，藤冈在教授英语中的请求言语行为时，就带领学生分析、学习了影片《好人寥寥》（*Few Good Men*）中礼貌和失礼的请求行为。教师也可以借助英文电影片段或短剧等语言实例为学习者进行讲解、分析，聚焦其中包含的真实交际中的礼貌，帮助他们了解其中的礼貌表征、非语言交际成分、习俗与礼仪、价值观念、交际者间的关系和权势等信息，培养和增强他们的语境意识，让他们充分注意到特定语境下语言形式和用法的匹配。显然，单纯的、抽象的、没有实例支撑的讲解是空洞的，难以引起学习者的兴趣，也很难取得令人满意的教学效果。当然，若因时间、经验或资源等原因无法获取真实的语言实例，教师还可以使用本族语者角色扮演的语料。尽管这些语料不是真实实例，却也能体现本族语者隐性的用语规范。

总之，在英语教学中，教师需要帮助学习者区分绝对礼貌和相对礼貌；教学实践要以交际任务为载体，在实施教学任务的过程中，要操控、调节相关言语行为的语境变量，强化语言礼貌训练，提高学习者的语言礼貌意识；比较中西语言礼貌，帮助学习者了解中西语言礼貌表征的异同；关注礼貌的建构性。

三、比较分析中西礼貌

（一）使学生了解中西礼貌观

在讲解中西语言礼貌之前，教师应使学生先了解中西礼貌观。通过对比，不难发现，中国礼貌观更强调以下四点。

①礼貌与个人品行、修养有内在的联系。

②礼貌与社会秩序密切相关，因而贬己尊人是常见的礼貌表达方式。

③礼貌作为维护社会关系的手段，与真实性不存在必然的联系。

④礼貌更多地表现为社会联络与拉近距离的手段，强调热情。

当然，随着时代的变迁、中国社会的进步、全球化进程的加速以及英语影响力的增大，中国的礼貌观也在悄然改变着。王西成和曾涛曾指出，“贬己尊人”的内涵已发生着巨大改变。当今中国人在“尊人”的同时也强调“自我表现”与“自我能力”，并非一定要“贬己”；中国人在受到别人恭维和赞美时，也会适时表示感谢，而非一味地谦虚或自贬；不少很庄重、很正式的尊称和敬辞（如“鄙人”“卑职”“令郎”“贵府”等）渐渐不再被使用。此外，中国的礼貌观还存在一定的地区差异，传统的中国礼貌观更适合于北部、西部地区，沿海较发达地区则更多地受到西方礼貌观的影响。实际上，中西方礼貌之间并无绝对的分界线，甚至所谓的集体性、群体性的东方文化和个人主义、平等主义的西方文化之间也没有绝对的分界线，只是程度上存在差异而已。

（二）使学生掌握中西语言礼貌表征

礼貌可以通过微笑、握手、鞠躬等非语言手段实现，但主要还是凭借语言手段实现。语言礼貌指的是用特定语言手段实现的。礼貌对学习者而言，了解和掌握礼貌表征是得体交际的前提，语言礼貌体现在语音、词汇、程式和句法等层面上。

1. 语音层面

借助语音手段表达礼貌首先体现在语调上。舒缓的语调便于对方听清，有助于创建轻松的交流氛围，礼貌程度也更高。另外，与老乡攀谈“用家乡话比用外地话要有礼貌”。

2. 词汇层面

礼貌在词汇层面上可以借助礼貌标记语、模糊限制语和称呼语等来实现。

（1）礼貌标记语

从总体上看，汉语、英语中对等或类似的礼貌标记语具有相同或相近的语用功能。但毕竟两种语言基于的文化不同，因而一些礼貌标记语在用法和功能上存在差异也就在所难免了。

①“请”与“please”。

“请”传达的是对对方的尊敬之情，用以缓和请求的语气。说话人以较自然的方式放低自己的位置，抬升他人的位置，从而使话语具有礼貌性。但“如果求人帮点小忙，比如借支铅笔、问个路、传个话、叫人来接电话，中国人常常不说这些客气话，特别是对亲属和好朋友……中国人相信对方知道自己的感激之情，因此不必多言”。另外，汉语还有“劳驾”“请问”等变体。在英文中，“please”一词广为使用，它可以降低强加程度。英、美人士总是不厌其烦地将其挂在嘴上求人帮忙；求助于陌生人如此，求助于朋友乃至家人亦是如此。

②“对不起”与“sorry/excuse me/I apologize”。

人们因自己的不当或错误言行给他人造成影响或后果时，需要致歉。汉语中的“对不起”是常用的道歉语，表示对自己过失的遗憾、后悔并向受损害的一方道歉；与此相对，英语中常用“sory/I apologize”等表达类似情感。汉语中人们也会用“不好意思”，该词通常暗示羞于启齿的某一话题、要求，或对自己能力不足、行为不妥等略表羞愧。另外，英文中的“excuse me”适用于打听消息、打断他人、请求让道、不自主地咳嗽或打喷嚏以及请求退席等场合，在类似场合，在汉语中都可以用“对不起”。

③“谢谢”与“thank you”。

对别人的善意和帮助要表示感谢，这是汉语与英语的共同点。但汉语中“谢谢”的使用频次明显低于英语中“thank you”的使用频次。此外，汉语还有其他表达方式，如“多谢”“谢了”“感谢”“辛苦了”“辛苦你了”等；英文则有“thanks”“a thousand thanks”“appreciate”“many thanks”等替代形式。

④“您”与“you”。

汉语中的“您”是第二人称单数的表敬形式，常用于下级对上级、晚辈对长辈、服务者对被服务者的言语交际中。但现代英语中已无“您”的对等表达了。

可见，欲在词汇层面预防语用失误，学习者必须在交际中注意“请”与“please”，“谢谢”与“thank you”，“对不起”与“sorry/excuse me/apologize”等表达的使用频次和适用场合，也要注意到英语中第二人称单数敬称的缺失，在实际交际中做到在特定的文化中运用恰当的礼貌表达。

（2）模糊限制语

模糊限制语可以修饰话语中信息的真实程度、涉及范围等成分，也可用于表示主观性推测或提出间接评价，还可以用于维护社会关系，保全交际双方面子。模糊限制语的使用使说话人显得更为礼貌、谦虚或得体，所谈内容也更易于被他人接受，在某种程度上体现出说话人的语用水平。

英语和汉语模糊限制语的差异不大，因此学习者在这一方面较容易产生礼貌语用迁移。

（3）称呼语

语言称谓形式是言语交流过程中说话人用来指称交谈对象的语言项，规定了说话人所使用的话语意义与语境和听话人之间的关系。当然，称呼语还具有重要的礼貌标记功能。对称呼语的选择不仅能表明说话人的态度，而且能指示双方所处的某种特定的人际关系。称呼语具有内在的礼貌意义，是天然的礼貌标记语。

汉语和英语中的称呼语都有很多，有时还比较复杂。两者在用法上有不少共同之处，但也存在差异。

①亲属称呼语。

首先，汉语和英语中的亲属名称中有对等的，但并不总是一一对应。其次，汉语亲属称呼语可以扩展使用，如称呼邻居、熟人乃至陌生人（如汉语中喜欢称跟自己祖父母年龄相仿的男性为“爷爷”等）。英语中也偶见这种现象，如下例所示。

例 6–6

Then clatter，clatter up the stairs. Johnnie knocked at her door.

“Granny，granny，” he shouted，“I’ ve got your post.”

老妇人与 Johnnie 一家非亲非故，但因 Johnnie 一家常常照顾她，双方关系很近，所以小孩子称呼她“Granny”（奶奶）。当然，与汉语相比，英语中亲属称呼语扩展使用的范围要小得多。

②对同龄人、长者的称呼语。

汉语与英语称呼同龄人（包括年龄相仿者）的方式也不尽相同。在说英语的国家中，人们对同辈的兄弟姐妹、年龄相仿的人、父母辈的亲属都可以直呼其名，甚至孩子也可以用名字称呼年长的人，这并无不敬。而中国人对平辈用名字称呼时，往往还会加上些长幼标记词，如“二哥”“大明哥”“张兄”等；称呼长者时，则会加上“爷爷”“奶奶”等亲属称呼。此外，“老”也可用于称呼长者，主要用于学术界和文学界，以体现尊敬和推崇之意，如“老大爷”“老王”“王老”等。英语中“年老”是比较敏感的话题，不会有人用“old”来称呼长者，也不会有人喜欢被他人这么称呼。

汉英的相同点在于长者可以对幼者直呼其名。在英语中，年长者可称呼年轻人为“son”；在汉语中，年长者则一般用“孩子”“小伙子”等来称呼幼者。

③职业称呼语。

这里的“职业”涵盖了较广的范畴，囊括了职务（如“处长”）、职称（如“教授”“技术员”）和职业（如“律师”）等，还可加上姓氏，以示尊敬。但也有例外，假设王磊是瓦工，其他人就不大好讲：“瓦工，这是你的刀。”即便加上姓氏“王”，仍是不妥。因为有些职业地位较低，如用这些职业称呼，有失礼貌。但换成“王师傅”或“瓦工师傅”的话，礼貌程度就被提高了。

④尊称与谦称。

中国文化遵循“自卑而尊人”，出于礼貌和尊敬，对他人多用“令、尊、敬、贤、高、大、圣、拜、奉”等；对自己则用“卑、贱愚、拙、贫、小”等含有谦意的词。英语中也存在类似表达，如称神父为“Father+姓”等，“Your humble servant”则用于谦称。但无论是现代汉语还是现代英语，这些尊称和谦称的使用频次都不高。

与陌生人讲话，汉语和英语都会使用泛尊称用语。汉语中有“同志”“师傅”“老师”和“阿姨”等；英语常用“sir”“mister”“madam”“mate”“buddy”等尊称陌生人。

汉语和英语称呼语之间存在较大差异，如果对此无深入的了解和准确的把握，是很容易造成语用失误的；因此，学习者在外语学习和实际交际中应当给予足够重视。

3. 句法层面

句法层面手段主要包括时和体的语用操作、被动语态、虚拟语气、非人称化、疑问句和附加问句等。

（1）和体的语用操作

时和体的语用操作只存在于英语中，它指的是用过去时和进行体代替现在时。不少学者对此都有论述。说话人借此将请求或建议在时间上推远一些，好像是在谈论过去的事情。例如，当说话人地位比听话人低或与对方不熟悉时，使用“I wondered whether.../did wonder whether...”要比“I wonder”更礼貌。

进行体则强调动作的当下性，使得请求听起来好像是正在形成的、尚未确定的想法，仍有磋商的余地，减轻了强加色彩。因此，如果双方情感距离较大，使用进行体可以显得更为礼貌。

（2）被动语态

英语中被动语态的使用往往是出于避免直接提到对方、减轻话语的强加程度或维护面子的需要。当由于某种原因不便言明具体的人时，使用被动语态可以使得表达更加得体，有时被动语态也可表达某种微妙的情绪。而在中文中，人们为实现类似表达目的时则一般不使用被动语态。

（3）虚拟语气

虚拟语气用于表示说话人的主观愿望或假想，所表达的是一个假定的条件，不一定是客观存在的事实。一方面，虚拟语气可以帮助免除说话人的某种责任，如下例所示。

例 6–7

If I were you，I’d leave town straight away.

该例可理解为“建议”言语行为。但说话人不必为此承担任何责任，因为事后他 / 她可推说是出于善意而建议的；另一方面，虚拟语气可给予听话人更多的选择空间。

（4）非人称化 / 非人格化

非人称化 / 非人格化是英语中常用的表达方法，即出于基本礼貌的目的，将事物以客观的语气呈现出来。斯瓦特维克和利奇指出，正式语体通常用非人称化的手法，避开 I、you、we 等人称代词，不直接指称自己及读者。

（5）疑问句和附加问句

疑问句是实现语言表达间接化的手段之一。人们常使用问句的形式委婉地表达批评、建议、命令和请求等一些威胁面子的言语行为，如下例所示。

例 6–8

你不觉得这有点过分了吗?

例 6–9

Didn’t you think this is going a bit too far？

此二例都是问句，表面上似乎在询问对方的看法，实为批评。另外，从言语行为的驱使程度来看，某一行为对听话人所产生的驱使程度越大，话语就越不礼貌。

就句法层面而言，汉语和英语的差异还是比较明显的，学习者应当加以了解以规避语用失误。

4. *话轮层面*

交际者也可以利用话语组织形式（如会话反馈语、前置语列等）实现礼貌。

（1）会话反馈语

言语交际中打断他人是不礼貌的，但反馈语却是礼貌的。会话反馈语有 6 种常见形式：呼应语、回应表达、重复、协助完成、非言语回应、简短陈述等。

甄风超的研究显示，呼应语回应表达、非言语回应出现的频次较高。

汉语和英语中的反馈语呈现出一定的差异。汤姆森等的调查显示，汉语会话中的反馈语频率比英语中要低得多，尤其以同步话语形式出现的反馈语更少。然而，以英语为主的华裔移民使用反馈语的频率比以汉语为主的移民要高得多。此外，英语反馈语似乎更多样。如英语中 m-hm 类呼应语可能有 uh、mm、mhm、aha 等多种变体，而汉语中呼应语数量很少，只有“嗯”“啊”等。

从中国的英语学习者的角度看，他们使用反馈语的频次低于本族语者。或受汉语影响，中国学习者在英语会话中虽然也使用 mhm 类呼应语，但类别不及母语者多。另外，中国女性英语学习者使用反馈语的频次高于男性。

（2）前置语列

为了避免可能的尴尬或被拒绝，在实施言语行为之前，说话人会先对言语行为的实施条件做一些试探。这种试探性的、准备性的话语就是前置语列。前置语列主要是为了确定邀请、请求等言语行为对受话人来说是可行的，或者待宣布的消息值得他人的注意等。倘若交际中缺乏前置语列，话语就会显得突兀和失礼。中国英语学习者使用英语实施请求或邀请等言语行为时，有时会忽略或者不会使用这种前置语列，从而让听话人感觉话语唐突、强加程度高，缺乏对人的尊重和礼貌。

就规避语用失误而言，学习者主要应当注意汉语和英语在会话反馈语的使用频次和表征上的差异。

以上分析了中西言语礼貌的异同。教师在教学中应将这些知识传授给学习者，让他们熟知两种语言在礼貌上的异同点。

5. 语言程式层面

语言程式指的是交际中高频使用的、不具有可分析性、用于表达特定的人际或语用功能的结构。其特点在于它们在交际中是整存整取的，无须根据规则进行整合或分析。另外，程式也不具有能产性，不能再衍生出类似程式。这些程式包括条件分句和其他约定俗成的表达方式。程式既可以用于话语内部修饰，也可用于外部修饰，在语用上有特殊的功能，如社交互动、必要话题和语篇手段。

（1）条件分句

海瑞歌指出，说话人使用条件分句时，如果假定自己提的请求或建议是得到了对方的许可的，因此，对方就不会很介意了。请看例 6-10 和 6-11。

例 6–10

你不忙的话，帮我拿个包裹。

例 6–11

Would you close the door，if you don’t mind？

另外，条件分句暗示“如果你不愿意的话，那也没关系”，从而给对方更大的选择余地，减轻强加程度，提高礼貌效果。类似的条件句还有 if at all、if possible 等。英语条件分句中标记词 if 不可或缺；汉语的类似表达则不需要加“如果”。

（2）其他语言程式

其他语言程式包括寒暄以及体现说话人态度等的表达。例如：打招呼用“您好 / 你好”或“How do you do？ /How are you？”等；未听清时，用“请再说一遍”或“I beg your pardon”。其他程式还有“你知道”“你想想”“我想”“I suppose”“坦率地讲”“frankly speaking”等。

汉语和英语在程式层面上差异不大，造成语用失误的可能性较小，但两种语言在此层面也有些微差异，需要加以注意。

四、掌握礼貌教学的步骤

笔者认为教师在进行礼貌教学时应遵循如下几个步骤。

①礼貌知识明示。

②礼貌技能培养。

③礼貌输出训练。

④学习者反思与教师反馈。

第七章　话语标记语与英语语用教学

在日常生活学习中，为了达到谈话的流畅连贯，说话者不仅要注意话语内容，而且要构建适当的话语方式。本章主要通过了解标记语的主要理论和多种语用功能，并结合与其相关联的理论研究，探究其在英语教学中的应用。

第一节　话语标记语的主要理论

一、希夫林的标记语分类理论

由于研究的视角和侧重点不同，国内外语言学界相关学者对话语标记语分类所依据的标准也不相同，因此在话语标记语的称谓定义和类属划分等方面出现一定的差异性也是情理之中的，这种异彩纷呈、各具特色的研究格局正说明了话语标记语现象的复杂性和特殊性。以下是一些比较权威的分类情况。

希夫林根据所收集的语料，主要是基于社会语言学的实地访谈，对临场会话中的不同参与角色使用的标记语进行了分析。她认为话语标记语就是依附于前言后语、划分话语单位的界标。对话语标记语的分析是对话语连贯总体分析的一部分。话语连贯分析主要是分析说话人和听话人如何共同作用将话语的形式、意义及其言语行为整合起来。话语标记语作为语境参照有助于提高语篇的衔接与连贯。一般认为话语标记语作用的范围越广，其界定话语的作用范围和话语的交际能力就越小；语篇自身的概念意义越明确，话语标记语的作用就越小，因而省略话语标记语的可能性就越大。希夫林采用定性的研究方法对上面的话语标记语进行了考察，并将其分为六种类型。

（一）信息管理标记语

如 Oh 这个单词，Oh 能在互动交际中被情境化而获得语用意义，一方面可以用于标记说话人的注意焦点，表明说话人在特定的参与状态和框架中持续性地处理信息，另一方面也可能成为听话人的注意焦点，标记认知任务。

总体而言，Oh 的作用在于标记信息状态的改变。

（二）应答标记语

如 Well 这个单词往往出现在话语的首要位置，标记说话人的不充分应答，或不同意见，等等，即在话语的参与框架层面上起作用。

（三）话语连贯标记语

话语连贯标记语包括如 and、but、or 等。and 这个单词在局部意念结构中连接叙事部分、行为或话轮时起语用标记语的作用，如并列连接两个意念单位，延续说话人的言语行为；but 一词的作用是表明两个即将出现的单位是一个对照行为，这种对照关系有时清晰，从概念的语义内容中即可被发现，有时则隐含于交际者基于文化的世界知识中，或对彼此的言语行为的期盼中；or 一词在话语中起语义选择作用，其语用意义可以分为包含性（inclusiveness）和排他性（exclusiveness）两种。

（四）因果标记语

因果标记语包括如 because、so 等。because 一般用作从属意念单位标记，so 用作相应的主要意念单位标记。作为标记语，它们可以在三个层面上发挥作用，即意念结构层面、信息状态层面和言语行为层面。

（五）时序关系标记语

时序关系标记语包括 now、then 等。它们具有时间指别功能。now 一词能够表现对后续的意念单位、取向参与框架的关注，表明说话人对话语的推进；then 用于指先前的话语时间和建立事件之间的连续关系，如话语单位的意念、话题和言语行为的持续性。

（六）信息参与标记语

信息参与标记包括 mean、you know 等。mean 能够表达信息状态的转变，与参与框架有关，主要用于引起听话人的关注。you know 则能够表达说话人对意念的取向，即对先前话语意念或意图的修正，往往将注意的焦点引向自身。

二、标记语的元话语功能

（一）元话语理论

伦敦学派的马林诺夫斯基在对太平洋岛屿上的土族人的语言进行考察后，对土著人语言的使用情况进行了归纳和总结，认为他们使用语言主要是为了表达一定的交际功能，如寒暄功能（phatic function）、语用功能（pragmatic function）和巫术功能（magical function）。寒暄功能是指通过一定的语言表达，建立某种人际关系，相当于韩礼德提出的人际功能；而语用功能和巫术功能在一定程度上涉及了物质世界和精神世界方面的因素，可以视为韩礼德提出的概念功能的雏形，但是缺乏过程概念的要素。

布拉格学派的比勒从心理学的角度概括了语言的功能，他认为语言具有表征功能（representational function）、指称功能（referential function）、表达功能（expressive function）和意欲功能（conative function）。但是比勒没有从功能这个概念的角度详细解释语言系统的特征，其表征功能、指称功能和表达功能是韩礼德提出的概念功能思想的初步体现，而意欲功能则具备了韩礼德提出的人际功能的基本特征。1960 年，布拉格学派的雅各布森在比勒的句子功能观（functional sentence perspective）的基础上将语言的功能扩展为六个：指称功能（referential function）、诗歌功能（poetic function）、表情功能（emotive function）、呼吁功能（conative function）、寒暄功能（phatic function）及元语言功能（metalingual function）。他实际上综合了比勒和马林诺夫斯基的观点，只有元语言功能具有独创性。雅各布森的“六功能说”概括了语言的外部功能，这些思想无疑为韩礼德后来的语言元功能思想奠定了坚实的基础。

由于有弗思等众多学者的研究作为基础，韩礼德的研究起点没有停留于语言在社会生活中所体现的外部功能，而着重关注语言的内在问题，并充分考虑到社会因素，由此提出了元功能思想。从 1967 年到 1994 年，韩礼德一直在完善这个思想，其他系统功能语法学家为此也做出了重要贡献，例如：福塞特的“八功能说”，格雷戈里从社会学角度出发提出的多功能及礼貌功能，马丁的元语言间多样性思想，比勒的人际功能高于其他功能的观点，等等，尤其是莱姆克的一些思想对元功能思想的发展有极大的促进作用，他指出分句或句子不仅通过选择来体现意义，而且通过选择的展开及对先前语篇中的选择来进一步发展并体现意义。每一种功能所形成的意义的相互调节使意义成倍增加，使得我们能表达原来没有表达过的意义，能表达被认为没有意义的意义。

韩礼德认为人类语言具有三大元功能：概念功能（ideational function）、人际功能（interpersonal function）和语篇功能（textual function）。概念功能是指语言是对存在于主客观世界的过程和事物的反映，是一种经验功能或内容功能，这二者被统称为概念功能。人际功能是指语言是社会人的有意义的活动，是做事的手段，往往会反映人与人之间的关系，或是对事物的可能性和出现的频率表示自己的判断和估测，或是反映说话人与听话人之间的社会地位和亲疏关系。语篇功能是指言语交际中的基本语言单位不是词或句这样的语法单位，而是表达相对完整思想的“语篇”。

（二）元话语的功能分析

根据交际功能和意义，学界将用于交际的话语分为基本话语和元话语。元话语是一种常见的语言现象，学界通常将其定义为“关于话语的话语”。目前学界对元话语和标记语的所属关系性质的区别以及界限划分还模糊不清，没有统一的分类标准，可以说是“你中有我，我中有你”，相互交叉，但笔者认为标记语是一个涵盖面更大的范畴，应该包含元话语，这样界定和划分类属关系的理由和依据如下。

从定义来看，标记语是指体现说话人心理上对客观事件（存在）的性质、特征、规律的认知，所持的态度、评价、意志，或用以实现以言行事功能的自然语言表达式，而元话语在言语交际中主要发挥表达人际功能和语篇功能。与元话语相比，标记语涉及的内容范围更广，包含的相关语言现象的功能更加全面和丰富，而元话语具有标记语的一些典型特征，是标记语的类典型之一。作为标记语类典型之一的元话语是人类实现人际功能和语篇功能的有效手段和资源之一，因为借助标记语，说话人一方面可以有效表达主观交际意图和目的，从而充分体现交际的动态性和互动性等人际功能；另一方面可以有效生成话语，并使自己的话语具有更好的衔接性和连贯性。国外学者对元话语的功能已有了一些专门研究，他们使用的术语有时不同，如凯勒从心理语言学角度对元话语进行了研究，他将元话语称为“开场白”（gambits），并认为元话语主要表达三种功能：①标示话题功能；②承接话轮；③表明说话人的态度、观点等。希夫林从社会语言学角度研究了英语中的此类语言现象，将其称为“元谈话”（metatalk）。威廉姆斯是第一个使用“元话语”（metadiscourse）这一术语的学者，并将起定义为“关于言语的言语”，随后这个术语被许多学者接受和引用。为方便讨论，笔者将以上这些术语统一翻译为元话语。希夫林认为从句法位置上来看，元话语大多数出现在话语的开头，但有时也可以出现在句末。从形态上来看，元话语可以是词汇，如 then、anything 等，或是小句，如 that is to say、what is more 等。从功能上来看，元话语本身不具有任何命题内容，但能够组织语篇、衔接话语结构、突显信息焦点、体现说话人的交际意图和目的等。克里斯莫尔从修辞和语用角度考察了元话语的语用和修辞功能，并建立了元话语的语用修辞模型和具体的分类框架。李佐文从语用学角度探讨了元话语的语境建构功能。元话语的功能如下例所示。

例 7–1

王老师：说实话，我本来不想说的，但是我又忍不住，因为有些人的表现实在令人失望。

本例选自俞毅阳的《班主任的故事》，其中的三个语用标记语——“说实话”“但是”“因为”的功能主要是表达说话人的语用含义，起到建构语篇以及推进言语交际的作用。从生成话语和建构语篇来看，元话语是最经济、有效的手段，否则生成话语则需要更复杂、费力的言语方式或途径，使话语在结构上显得臃肿、拖沓。如果省略元话语，话语在句法结构上的完整性就不复存在，特别是“但是”和“因为”的语篇建构性更强，这是因为语篇是命题和元话语的结合体，元话语是语篇的有机组成部分。从意义表达来看，元话语体现的是发话人的主体性和主观意志。也就是说，元话语具有人类语言行为的“主观性”倾向，因为发话人言语行为的真实性、客观性与其使用的标记语无关。从评价态度来看，元话语标记的是这类言语现象的“主观化”特征。

例 7–2

MC：Mr Kramden，I' m sorry but if you come back next week，you' ll gct your chance to reach the first hurdle and work your way up to the $99，000 answer... Can you be here？

Ralph：Yeah... Sure... yes，sir！

本例选自《99000 美元的答案》（“*The $99,000 Answer*”），其中的元话语 but、Yeah 表达的语用功能和语用信息情况是，but 带有说话人 MC 的祈使语气，即要求听话人 Ralph 最好能下周回来，这种用法表达的说话人意义与 but 的常规意义有所不同，是上述语境制约的结果；Yeah 在上述语境中表达了说话人含义具有迟疑和不情愿的，是说话人主观意志的体现。由此可见，元话语主要表达人际功能和语篇功能，例如：帮助说话人表达交际意向，表达对命题内容的评价和态度，表达说话人与听话人语篇与语境的关系。这些都有助于概念内容和会话含义的更好实现。

第二节　话语标记语的语用功能

完形心理学（gestalt psychology）认为人类对空间关系的识解是建立在“图形—背景论”（figure-ground theory）的突显原则（principle of prominence）基础之上的，即人类总是把感知视觉中最关键、最重要的图形作为信息焦点突显出来，而把图形依据的背景作为认知参照点予以淡化。兰格克也从认知的角度出发，对“图形—背景”关系的突显原则进行了研究，认为：“从印象上看，情景中的图形是一个主要结构，它在感知上比其余部分（背景）要显眼些，作为一个中心实体具有特殊的突显性，情景围绕它组织起来，并为它提供一个环境。”一般认为焦点突显（focal prominence）有以下特征。

①指向关系中的射体与界标通过赋予各自焦点突显与其他关系成分区别开来。

②射体与界标的突显是不对称的，前者和后者分别被描述为主要焦点突显和次要焦点突显。

③这种突显的不对称有一个时序维度。

④作为连续的焦点，射体和界标可分别被看作一个参照链中（in a reference point chain）的参照点和目标。

“图形—背景分离原则”不仅是人类识解空间结构或关系的基本认知原则，也是人类语言组织概念信息的基本原则。兰格克认为语言的句法结构受到人类“空间”“时序”关系识解的“图形—背景”突显原则这一基本认知规律的制约，即人类语言的句法结构与人类认识客观事物的基本认知规律具有同构性，这一认知规律对英语和汉语两种语言而言具有广泛的现实意义。标记语在句法构造中就是交际者意欲突显的图形（语用信息），能够使说话人的交际目的、主观意志得到强调。从认知角度来看，标记语体现了交际主体在言语交际中的“存在”和“自我”意识。从哲学角度来看，标记语体现了人类原始、固有的属性。下面笔者对英、汉语言中一些常用的标记语的语用功能进行讨论。

一、坦言性标记语的语用功能

坦言性标记语的语用功能主要是强调话语所含信息的真实性，或强调说话人的真实目的。汉语中常用的坦言性标记语有“说实话”“说句实话”“说句心里话”“说白了”“实不相瞒”等；英语中常用的有“frankly speaking”“truly speaking”“honestly speaking”“to tell the truth”等。说话人在言语交际中使用它们主要发挥以下功能。

（一）强调话语信息的真实性

在交际中，标记语强调话语信息真实性的情况可看下例。

例 7–3

Peter：Truly speaking，this party is boring.

Mary：You are not honest. I’ve just seen you dancing with the blonde beauty in blue.

在上例中，说话人 Peter 使用坦言性标记语 Truly speaking 表达的语用功能是为了强调其话语信息的“真实性”，当然这种标记语表达的意义具有很大程度的主观性，主要是表达说话人语用含义或目的，如迷惑听话人。另外，说话人在表述过程中，在自己认为对于观点、立场至关重要的“事实”前面使用坦言性标记语，是为了引导甚至促使方向向“事实”过渡。

（二）强调说话人的坦诚态度

在交际中，标记语强调说话人态度的情况可看下例。

例 7–4

鞠文祥道：吟秋，朋友一言，大令如山。实不相瞒，前一阵我失算，从苏州、济南进了大批素色绸缎布料积压库中……

罗吟秋道：算了。只当我没说。来，我们喝茶。

本例选自朱晓平的《大栅栏》，说话人鞠文祥在上例的语境下，使用标记语“实不相瞒”，是为了强调自己的真实用意或目的：表明自己态度坦诚。另外，人们发现同一句坦言性标记语在不同语境条件下，可以发挥不同功能，如例 7–3 中的 Truly speaking 与例 7–4 中的“实不相瞒”表达的语用功能不同，前者主要是强调说话人话语信息的真实性而后者是强调说话人的坦诚态度。

二、阐发性标记语的语用功能

阐发性标记语具有强调说话人的个人建议、意见、观点，或发挥反驳或意见相左的功能。汉语中常用的阐发性标记语有“以我之见”“在我看来”“以我看”“就我个人而言”等；英语中常用的有“personally speaking”“In my opinion/view”“as far as I am concerned”“as far as I know”等。它们主要表达以下几个方面的语用信息。

（一）强调个人建议、意见

在交际中，标记语强调个人建议、意见的情况可看下例。

例 7–5

孙田田：现在房价稳中有升，还是不要急着出手，再等等看。

顾新宇：再等也不会涨到哪儿去。如果等着用钱，以我之见，还是卖掉算了。

本例选自曾飞帆的《写字楼里的生活》，说话人顾新宇在话语中使用阐发性标记语“以我之见”，是为了强调、突出自己的建议、意见，如“听我的没错”“我的意见具有权威性”等。说话人使用“以我之见”除了表达出强调和突显个人意见、观点外，还传递了语用含义，如意见、看法不同。

（二）表达反驳或意见相左

在交际中，标记语表达反驳或意见相左的情况可看下例。

例 7–6

Nancy：I personally think there’s far too much junk on the Net.

Max：In my opinion，it doesn’t really matter. But you learn to screen out the junk.

本例选自郑树棠的《新视野大学英语》（*New Horizon College english*），说话人 Max 在上例的语境下，使用阐发性标记语 In my opinion 表达的语用功能是反驳或不同意 Nancy 的观点。对比例 7–6 中的阐发性标记语 In my opinion 与例 7–5 中的“以我之见”，就会发现它们表达的语用功能是有区别的：前者主要用于强调说话人的个人建议、意见，而后者主要表达反驳对方意见或与对方观点相左的功能。

三、理据性标记语的语用功能

理据性标记语具有表明说话人意见、观点、建议理据性的作用。汉语中常用的有“通常情况下”“一般来说”“理论上来说”“道理上来说”“有人说”“据说”等；英语中常用的有“generally speaking”“theoretically speaking”“reasonably speaking”“It is well known”“scientifically speaking”“it is reported/alleged”“as a matter of fact”等。其功能特征如下。

（一）增强说理、劝说的理据性

在交际中，对理据性的强调可看下例。

例 7–7

刘晓超：科长老给我安排节假日值班，我还想休息呢。

景志华：他是你的上级，从道理上来说，你应该服从他的工作安排。

在上例中，景志华插入理据性标记语“从道理上来说”，表达的语用功能是增强自己说理或劝说听话人“服从领导工作安排”的理据性或依据性。这种言语方式是其元语用意识（metapragmatic awareness）使然，使自己的话语命题内容听起来有一定的依据性，以避免让对方觉得突兀、武断。

（二）表达婉转、含蓄的否定功能

在交际中，婉转的否定表达可看下例。

例 7–8

钱新海：为了提高我们厂的经济效益和竞争力，我们必须进行人事制度改革，甩退休职工这个包袱。

浩然：我也早想过这个问题。理论上来说你的解决方案是对的，但是这样做会把事情闹得无法收场。

本例选自郝自成的《都市里的生活》，说话人浩然根据自己的交际需要，在其话语中插入理据性标记语“理论上来说”以表达婉转、含蓄的否定含义，这种言语行为特征类似于缓和语（mitigator），即在一定程度上，具有缓和削弱否定、责怪、不同意、拒绝等语用效果

（三）体现做事的把握程度

在交际中，对做事把握程度的体现可看下例。

例 7–9

Mr Thomson：Of course. But... well... it' s easy to say give it up or cut it down... but... oh you know...

Doctor：Well，generally speaking，you have no choice. Either you make a real effort or there is no real chance of your feeling better.

在例 7–9 这种语境下，说话人使用理据性标记语“generally speaking”，体现其对陈述情况态度上的灵活性，给自己说话留有余地，避免绝对，表明后续陈述情况的发生具有普遍性。说话人用这类标记语，其说话的语气显得更肯定，对陈述实情的把握性更大。副词 generally 在一定程度上具有模糊限制语（hedge）的特征。

四、断言性标记语的语用功能

断言性标记语具有体现说话人做事决心，以示果敢和胆量的功能。汉语中常用的断言性标记语有“我敢肯定”“不客气地说”“我敢说”“斗胆问一句”等;英语中常用的有“certainly speaking” “I' m sure” “surely enough” “boldly speaking”等。它们主要发挥以下语用功能。

（一）表达以言行事的决心

在交际中，对以言行事的决心的表达可看下例。

例 7–10

采访者：中国建筑设计的文化资源与文化准备是什么?

陈丹青：单以梁思成为例，他的思想，只是私人思想，他的著作，恐怕在学院建筑设计专业可能会是教材之一吧。但容我斗胆问一句：中国当代设计师下笔设计时，谁会听他的话?

本例选自陈丹青的《退步集》，说话人陈丹青在以上两个话语中插入断言性标记语“斗胆问一句”表达的语用功能是，给自己说话壮胆，以示自己以直接言语方式说话的决心。

（二）表达威胁、恐吓功能

在交际中，对威胁、恐吓的表达可看下例。

例 7–11

毕明阳：当初不让你太贪，你现在自己想办法填上漏洞。

黄建新：事情已经到了这种地步，不客气地讲，大家都脱不了干系。

（电视剧：《腐败内幕》）

在本例中，说话人黄建新在其话语中使用断言性标记语“不客气地讲”，表达的语用功能是威胁、恐吓听话人目前所处的处境。这种标记语在语气上体现的决心程度要比例 7–10 中的断言性标记语“斗胆问一句”强烈得多。

五、警示性标记语的语用功能

奥斯汀的言语行为理论认为，人们使用语言进行交际，就是以言行事。在口语交际中，说话人使用标记语既可表达主观意向，又可发挥以言行事的功能，如实施祈使、命令、要求、提醒、警示等行为。汉语中常用的警示性标记语有“我告诉你”“你说实话”“你听着”“听我说”等，英语中常用的警示性标记语有“watch out”“be careful”“listen”“tell me the truth”“let me know”等。其主要功能见下面讨论。

（一）要求对方关注自己的话语内容

在交际中，说话人使用标记语要求对方关注自己的话语内容情况如下例。

例 7–12

Roy：I don’t know. I don’t know what’s happening.

Michael：You mean you’re confused？ Well，look，don’t be confused. We’re getting married.

在本例中，说话人 Michael 使用警示性标记语 look 是为了表达祈使功能，即要求听话人关自己的话语信息。

（二）要求对方表达真实信息

在交际中，说话人使用标记语要求对方表达真实信息的情况如下例。

例 7–13

范成亮：我们五个人一起拿的，我不愿意，但也没办法，不是我的主意。

王老师：说实话，你拿了多少？

本例选自项绵清的《下一代人的困惑》，说话人王老师在自己的话语中使用警示性标记语“说实话”表达的语用功能是要求对方表达真实信息。此处用作警示性标记语的“说实话”与坦言性标记语“Truly speaking”表达的语用功能是不同的：前者是要求听话人表达真实信息，这个标记语仍然表达一定程度的语义信息（真值条件意义），“Truly speaking”是强调说话人自己话语信息的真实性，与前者相比，后者主要表达语用信息（非真值条件意义）。警示性标记语表达的警示语气较弱，主要是要求功能，即要求或驱使听话人实施某一行为，而有些警示性标记语可表达强烈的警示功能，以引起听话人警惕或高度关注。

（三）警示听话人功能

在交际中，说话人使用标记语警示听话人的情况如下例。

例 7–14

“Listen ！” cried Milady. “We have been overheard！ Someone is coming.”

在本例中，说话人使用了警示性标记语“Listcn”表达警示含义。

通过以上讨论，大家会发现即使是同一类话语标记语在英、汉两种语言中表达的语用功能有时也是不同的，这也许是受到英、汉两种不同文化、社会的语用规约和认知规约制约的结果。

六、补说性标记语的语用功能

这类标记语的作用主要是澄清自己的观点、意见等，或者对前述话语做进一步补充说明，解释或修正别人或自己不完备或不当的话语，分别被称为他人修正和自我修正，以使所传递的信息更加清晰，因此，补说性标记语也被称为修正标记语。汉语中常用的补说性标记语有“换句话说”“这样说吧”“我的意思是”“话又说回来”“也就是说”“应该说”等，英语中常用的有“in other words”“mean”“you know”“let me put it in another way”“that is”“that’ s to say”等。它们主要发挥以下几个方面的语用功能。

（一）表达解释、补充说明

这类标记语还可用于修饰说话人的表述内容。见下面的例句分析和讨论。

例 7–15

林默不解：师傅的意思是……

玄通点破：二八可作两个八，也可作二十八。也就是说，你可再留人间十二年，既不违师命，又不绝人情。

本例选自杨金远的《电视·电影·文学》，说话人玄通在交际中使用补说性标记语“也就是说”，发挥的语用功能是补充说明、解释自己的前述话语，以便受话人更好地理解该信息。

（二）修正对方的话语

标记语发挥该功能的情况如下例。

例 7–16

“嘿嘿！是啊！”彭其大口嚼着饺子说，“我要不是背这个冤枉，也不会结识你这个朋友啊！看起来，还是要受点处分好。”

赵开发：“话又说回来，冤枉受了处分，还得搞清楚。要把身体休养好啊。”

本例选自莫应丰的《将军吟》，说话人赵开发在句首使用补说性标记语“话又说回来”，一方面是为了发挥了对彭其不适宜的观点、意见的修正功能（他人修正）；另一方面说话人使用这类标记语还发挥了话轮承接和语用推进作用，交际活动的互动性和协商性更强，而且对听话人后续话语的言语方式也有制约作用。

（三）修正自己的话语

补说性标记语除了能发挥对别人观点、意见的修正功能外，还可发挥说话人对自己观点、意见的修正功能。见下面例句分析和讨论。

例 7–17

Joseph：“Very old，sir，and Hareton is the last of them，as our Miss Lathy is of us-I mean，of the Lintons.”

说话人 Joseph 在话语中插入了补说性标记语“I mean”，主要是为了发挥对自己口误的修正或补正功能（自我修正），因为他认为自己把 Lathy 小姐归于己方或把自己归入 Lintons 家的成员这种说法不妥，所以修正或补充话语信息可以避免引起别人的不悦或误解。

七、接受性标记语的语用功能

接受性语用标记语是指用于标示对听话人提供的信息的反应。汉中常用的接受性标记语包括“就这样吧”“是吗？”“好的”等；英语中常用的接受性语用标记语有“OK”“really”“all right”等。它们的语用功能特征主要体现在以下几个方面。

（一）勉强被动性的同意、许可功能

标记语的该语用功能可看下例。

例 7–18

Boy：I hate this raincoat.

Girl：All right. How much is a leather jacket？

Boy：If I return this raincoat，I only need another $50.

Girl：OK，I' ll lend you the $50，but you have to pay me back.

在以上语境条件下，说话人 Girl 根据交际需要在话语中分别使用了接受性标记语，如“all right”和“OK”，这两个接受性语用标记语表达的意义具有说话人的会话含义，即无奈、勉强之下的同意或许可，这类意义含有特定的语用信息，体现出说话人被动性地接受对方的条件或要求。

（二）积极主动性的同意、许可功能

接受性标记语还可以表达愉快地接受对方的建议或要求的功能，如下例。

例 7–19

局长：这次出国考察要去五个欧洲国家，线路和时间安排已经基本定下来了，小王陪同做翻译。大家可以先准备一下考察活动的资料、内容等事宜。

张娟：好的。

例 7–20

Peter：I didn' t go. I was so busy worrying about chemistry. Do you think there' s a possibility of my passing for the year if I failed the final？

Ann：Sure，there is. It' s the average that' s important. Come on，just relax. How about having a cup of coffee？

Peter：Okay，Well，I feel much better now.

Ann：Don' t worry about it！ Everything will be OK.

上面两个对话中的“好的”和“Okay”两个词是汉英语言交际中最常用的接受性语用标记语，与上述其他标记语一样，它们的意义和语用功能也受到具体语境条件的影响和制约，需要结合具体语境条件才能确定。一般而言，接受性标记语“好的”和“Okay”在汉、英两种语言中既可以表达勉强、被动性质的同意、许可意义，也可以表达愉快主动性质的同意、许可意义。在上述汉、英语境中，说话人张娟和 Peter 分别使用了“好的”和“Okay”两个词愉快地应答了对方的任务安排，这种用法属于接受性语用标记语“好的”和“Okay”的第二种意义范畴，即愉快性的接受。通过以上讨论进行归纳，可以得出这样的结论：汉、英接受性标记语“好的”和“Okay”的使用有其认知语用基础，是交际者元语用意识的体现，即当对方的要求、安排对自己有利时，说话人可以通过语气上的强调，表明自己愿意接受的态度；如果对方的要求、安排对自己不利或自己不愿意时，说话人可以通过语气上的减弱，表明自己不愿意或勉强接受的态度。

从句法结构来看，话语标记语并非“虚设”，它们一般不构成所在话语的命题内容，即不是其语义框架的主要构成要素，往往不受句法配置的严格制约，它们传递的多是语用信息，因而具有句法上的“可取消性”和语义上的“可分离性”。标记语是语言成分语法化的结果，属于语言的非范畴化演变，具有人类语言主观化的典型特征。它们在话语中多体现说话人的“存在”和“自我”意识，具有主体性特征。标记语主要表达说话人的语用信息，如特定的交际意向、态度、心理状态和认知情态以及以言行事的功能，具有人类语言元话语（meta talk）功能的一些典型特征。从交际的互动性来看，它们体现了说话人积极的交际取向，更有助于语用推进；从语篇角度来看，它们是语篇构建的重要手段和资源之一，对话语的生成和理解具有制约性。它们主要在话语和语用层面起作用，既可以表现在局部意念结构中，又可以表现在语篇意念结构中。标记语、语境及其语用功能三个维度之间具有动态性和相互制约关系，即数量有限的标记语，通过动态性的认知语境，可以表达丰富的语用功能。由于认知语境具有动态性，所以，同一种语用标记语的功能具有随机应变性，标记语的类型划分有时是不明确的，相互间可能有交叉，因此，其类型划分不能绝对化。以上标记语的功能特征讨论主要是基于语言类型学范畴的解释，重在对英、汉同类标记语的意义和功能的“相似性”开展研究，但还没有涉及两种语言同类标记语的意义和功能的“差异性”对比研究。

第三节　话语标记语与关联理论

一、关联理论

斯佩贝尔和威尔逊认为，交际是一个涉及信息意图和交际意图的明示—推理过程（ostensive-inferential process）。明示与推理是交际过程的两个方面。从说话人的角度来说，交际是一种明示过程，说话人总是尽可能明白无误地表达自己的意图，让自己的话语与当时的情境相关；从听话人的立场来说，交际又是一个推理过程，听话人总是设定说话人的话语与当时的交际目标相关，其信息意图可以通过将话语所拥有的成分与语境相结合而被推导出来。在这一过程中，关联性是常项，语境是变项，是为了寻找话语关联而进行选择的结果。

（一）关联性

关联性（relevance）是制约推理的原则，人们在理解话语时会在新出现的信息与语境假设之间寻求关联。根据这一原则，寻找关联、构建语境、推理加工的过程是要付出某种努力的，其目的是为了取得语境效果，从而达到使交际成功的目标。在同等条件下，语境效果越大，付出的语用努力越小，话语的关联性也就越强。

斯佩贝尔和威尔逊还提出，一个新的话语传达的假定与当前语境假定之间发生互动时可能产生三种语境效果。

①强化已存在的假定；

②与已存在的假定发生冲突或将之取消；

③与已存在的假定组合形成语境暗含。

斯佩贝尔和威尔逊进一步指出，人类往往力求以最小的认知加工努力，获取最大的语境效果，即寻求最大关联（maximal relevance）。然而，听话人在理解话语时，不仅会关注、处理那些具有足够关联性的话语，而且会考虑到说话人的能力、意愿、偏好等因素，倾向于构建与这些话语具有最佳关联（optimal relevance）的心理表征。最佳关联实际上是一条交际原则，即说话人的明示话语与其能力和偏好一致，是在当前语境下最能传达其意图的方式，不会无故浪费听话人的语用努力，如下例所示。

例 7–21

A：Do you want some coffee？

B：Coffee would keep me awake.

在以上语境中，B 的回答到底是想喝咖啡，还是不想喝咖啡呢？这里，A 需要根据 B 话语中字面意义以及相关知识进行一系列的语境假定选择，并运用逻辑知识进行推理，其过程大致如下。

①理解字面意义。

Coffee can keep B awake.

②逻辑推理。

a. If B does not want to stay awake，then B does not want any coffee.

b. If B wants to stay awake，then B wants some coffee.

③语境假定选择。

If it is sleep time，B means a.

If it is office time. B means b.

这一推理过程即显示了新的假定如何与某一被激活的已存在假定组合形

成语境暗含，而激活已有假定需要考虑到话语和语境之间的最佳关联性。

（二）语境

与传统的语境观不同，关联理论中的语境不再是静态的、客观的，而是与心理认知紧密相连的、动态的、交际的实体。在言语交际中，对话语理解起主要作用的是构成听话人认知环境的一系列假设，因此，关联理论中的语境不限于现实环境中的情景或话语本身的语境；言语交际中的语境不是双方事先知道的，也不是固定不变的，而是动态的，在交际过程中得以建构起来的。关联理论将语境看作在互动过程中为了正确理解话语而从人们大脑中激活、提取的某个假定。理解每一句话语所需要的语境因素是不同的，因此，听话人要在话语理解过程中为每一句话语建构新的语境。从本质上看，话语理解涉及听话人对语境假设的不断选择、调整和顺应，如下例所示。

例 7–22

甲：小朋友，这么早就放学了？

乙：今天没上学。

甲：为啥没去呢？

在此例中，甲根据自己对乙的认知语境假设生成话语，然而他原来所选择的语境假设（即“乙今天应该上学”）是错误的。但这并没有影响交际的继续进行，因为乙的回答使甲获取了新信息，即“乙今天没有上学”。这一新信息与甲原来的语境假设相矛盾，这种矛盾就是一种语境效果。甲根据乙提供的新信息需要对自己的语境假设重新进行调整和选择，于是出现了第二次询问，交际就这样进行下去了。所以，成功的交际过程其实就是说话人与听话人不断根据话语所取得的语境效果去验证、调整，以及选择语境假设的过程。

总之，关联理论认为，话语理解是一个动态的过程，认知主体会利用推理机制，将话语的字面意义与可能隐含的信息加以综合，结合合适的语境假设，寻求话语之间的内在联系，从而选择其中符合最佳关联性假定的解释。

二、关联理论对话语标记语的阐释

基于关联理论，布莱克莫尔指出话语理解过程中应区分两类信息概念信息（conceptual information）和程序信息（procedural information）。作为编码程序信息的语言成分，标记语可以被认为是说话人为了实现最佳关联并减少听话人语用努力而使用的明示标记。它引导听话人对话语含义进行推导，并激发其对概念信息的整合理解，使话语整体得到更加确切的明示，从而帮助其寻找最佳关联的方向，对语义理解进行有效限制，如下例所示。

例 7–23

A：Mary is not coming.

B_0：Her son is at home.

B_1：So，her son is at home.

B_2：After all，her son is at home.

B_3：You see. her son is at home.

B_4：But her son is at home.

上例中，B_0—B_4 的概念信息都是“她儿子在家”。B_0 没有使用标记语，A 需要付出较多的语用努力来寻求话语和语境的最佳关联。B_1—B_4 则通过标记语，制约了语境假设和认知效果的选择，使得话语更为精确，从而让 A 可以迅速作出判定。具体来说，B_1 中的“So”提示后面表达的内容是通过将前面的内容与某种语境假设（即儿子在家就不能来）结合起来而得出的结论，表示说话人对“Mary 不会来了”的原因的推理。相反，B_2 中的“after all I”则提示后面的内容与这种语境假设是前面内容成立的前提，表示说话人对“Mary 不会来了”的一种解释。同样，B_3 中的“you see”和“after all”一样表示“解释”，但“you see”提示后面的内容是新信息；而 after all 提示后面的内容是旧信息，在前文中已经提及过了。B_4 的语境假设和 B_1—B_3 不同，B_4 中的“but”提示后面表达的内容与前面的内容触发的某种语境假设（即儿子在家就会来）相冲突，表示说话人对“Mary 不会来了”这一事实的不认可。

在书面语中，话语标记语同样被看作寻找关联的向导，通过明确某些语境特征和语境效果来指导解释过程，如下例所示。

例 7–24

① The rent is reasonable. The location is perfect.

② The rent is reasonable. In addition/Besides，the location is perfect.

③ The rent is reasonable. Moreover/Furthermore，the location is perfect

④ The rent is reasonable，for/because the location is perfect.

以上 4 个句子表达的概念意义是一致的，都传达了两个单位的命题内容。然而，它们所表达的两个命题内容之间的关系却不相同。句①中没有使用任何标记语，因而两个命题内容之间的关系比较隐晦。在句②中，“in addition/besides”提示两个命题之间是并列关系，说明引入的命题是对前命题的一种增添。在句③中，“moreover/furthermore”也提示了增添关系，但这种添加更为重要，更值得听话人重视。在句④中，“for”提示其引入的命题是对前命题的解释"because"则提示一种更强的因果性联系。总之，传达程序意义的标记语在制约、引导话语理解的力量上也有强弱之分。

由此可见，标记语对话语表达的命题内容不产生影响，而是通过明示促进话语的理解过程，一方面减少听话人处理话语所付出的时间和精力，另一方面增强话语/语篇的精确性，避免产生误解。这种对标记语本质的阐释有助于学习者直观、深刻地体会标记语在话语理解中的制约作用，提高他们的语用认知意识。

第四节　关联理论指导下的话语标记语教学方法

大量的实践和研究证明课堂教学对语言习得起着明显的积极作用，相比不强调规则解释的隐性教学，显性的语言教学能促进更快的习得和更准确的语言使用。卡斯珀和罗斯认为显性教学具有两个特点。

①明确的规则解释构成教学内容的一部分。

②明确要求学习者注意一些方面。

事实上，这两大特点也构成了显性教学的两种不同方法：演绎法和归纳法。演绎法是指教师首先教授具体规则，然后带领学习者将规则运用到实践中，生成相应的例句；归纳法是指教师引导学习者通过自身的语言使用经验，或者通过观察和分析例句，总结语言使用规则。笔者认为，关联理论指导下的标记语教学也可以使用这两种不同的方法。

一、演绎法

演绎法是指以语境效果为标准对标记语进行分类的方法。

演绎法首先要求教师教授具体的规则。在标记语教学中，具体规则明确了标记语和功能间的对应关系。一个新的话语传达的假定与当前语境假定发生互动可能会产生三种语境效果。根据这一论断，陈新仁将英语议论文中的常用话语联系语按三种语境效果分成了三类，并将每种语境效果下标记语所体现的功能具体化。他还发现在写作过程中，学习者常会使用口语化的标记语。鉴于此，笔者在他的分类基础上又增添了一个维度，即按口语和笔语对话语标记语进行划分。

教师可以根据语境效果对标记语的功能进行划分，如由总到分、由粗略到具体等，标记语之间的差别也便一目了然。比如 on the other... on one hand... 和 for another... for one thing...，这两者的区别在这一框架下就很明显：前者强调 on the other 之后的新假定与 on one hand 之后的旧假定之间存在对比或者相矛盾的关系；后者则是强调整体的新假定作为例子对旧假定进行阐释和证明，只不过新假定包含两个方面，且两个方面既不相对，也不冲突。

此外，人们不仅可以对不同的语境效果进行划分，而且可以按语境效果的强弱对每种具体功能进行细分。比如标记语 but、however、nevertheless 三者的转折语境效果就形成了一个由弱至强递增的等级：but 连接的假定之间转折性较弱，however 适中，nevertheless 最强。也就是说，可以用 nevertheless 的时候，必然可以用 however 和 but；可以用 however 时，必然可以用 but；但反过来则未必如此。其他标记语也可以按类似的方法进一步归类。

教师在讲解规则以后，即可引导学习者在具体语言环境下使用标记语。可以把一组相同功能的标记语放在一起，让学习者判断使用的对错或者填写正确的标记语。如下面的三个例子。

例 7–25

① I am sure she is honest. Nevertheless，the papers are missing.

② I am sure she is honest. But the papers are missing.

③ I am sure she is honest. However，the papers are missing.

例 7–26

[in response to：Have you got my article？]

① Yes，but the last page is missing.

② Yes. However，the last page is missing.

③ Yes. Nevertheless，the last page is missing.

例 7–27

[speaker，who is in shock，has been given a whisky]

① But I don’t drink.

② However，I don’t drink.

③ Nevertheless. I don’t drink.

总之，以语境效果为标准对标记语分类的好处在于：把标记语间的区别和语境联系起来，清楚明晰地罗列不同的标记语，有利于教师引导学生在实际语境下生成例句。值得注意的是，演绎法要求教师对规则了如指掌，即对话语标记语的功能极其细微差别有相当明晰的认识。但事实上，能够被清楚归类的大部分是狭义概念上的标记语，亦即体现命题间语义关系的标记语。其他如态度类标记语、感叹词等则可能具有两种或多种语境效果。针对这类标记语，笔者认为使用归纳法进行教学可能更为有效。

二、归纳法

归纳法是指以关联性为基础探讨标记语的使用规则的方法。

归纳法要求学习者从真实语料中归纳出特定的语言规则。语料库的发展以及互联网的普及使得学习者接触地道的语言成为可能。相比无聊地背诵规则，在教师的指导下自己归纳规则似乎更为有趣，也更容易使学习者掌握规则。

如前所述，说话人把标记语作为明示的手段，听话人则假设话语具有关联性，通过标记语充实语境，从而理解话语。在归纳法中，学习者就是听话人，需要通过关联语境找到话语标记语的作用。下面笔者以 frankly 为例来展示教师如何运用关联理论指导学生归纳标记语的功能。

例 7–28

Mr Craig：Laurel and I...our marriage is over. We wanted to splitup for months，but we were stuck in that house.

Zoe：You couldn’t sell it？

Mr Craig：The value of the house had tanked. We couldn’t afford to sell it, but now（the house was burnt down），with the insurance pay out，we can both go our separate ways. Frankly，it’s a relief.

首先，frankly 的语义是“坦白地说”。通常情况下，人们已经默认说话人说的话是真实的，此时再用“坦白地说”来表示自我话语的真实性就显得多此一举，且没有增加任何有用的概念信息。然而，关联理论认为任何明示性的话语都传达关于自身具备最佳关联性的假定，不会无故浪费听话人处理话语的时间和精力，因而当 Mr Craig 强调自己在坦白自己的真实想法时，他一定是认为有这个必要，而且很可能是因为对方怀疑他话语的真实性。从大环境来看，拷问的情景本身就以怀疑一切为前提；从对话来看，房子烧毁、离婚对一般人来说都是不幸之事，然而 Mr Craig 用 relief（解脱）来表示他的感受实在有违常识，受到怀疑也在情理之中。因此，这里的 frankly 具有反预期的功能，代表 Mr Craig 意识到自己接下来说的话与听话人的预期相反，但仍选择直言自己的真实想法。

例 7–29

Leonard：Wait a minute. He offered to send you to the north pole？

Howard：Yes. In fact，he was quite enthusiastic. He said，“Frankly，if I could send you tonight，I would.”

通过上例可看出，话语标记语 in fact 也具有反预期的功能，因为 Howard 的整个回答都是对 Leonard 的怀疑的否定和反驳。然而，值得注意的是，这里 frankly 直接连接的两个假定之间并不是矛盾关系，而是相统一的甚至是递进的关系，由此加强了 Howard 反驳内容的可信度。因而，这里的 frankly 可以作为加强标记语使用。

通过这两例的比较，我们可以总结出话语标记语 frankly 的使用规则。

① frankly 应用于对话的其中一方所说的话受到怀疑的场景中，表示话语的真诚性。

②若前后假定相矛盾，frankly 是反预期标记语；若前后假定相一致，frankly 是加强标记语。

总而言之，教师可以利用英国国家语料库、美国国家语料库，甚至多模态的英剧和美剧为学习者提供不同语境下的真实语料，然后让学生利用关联理论，假定话语与语境具有最佳关联，解读标记语的作用。这种方法的益处在于自我归纳规则有趣且容易使学习者掌握规则，其不足之处在于对每个标记语的研究都需要耗费一定的时间与精力。鉴于此，笔者认为关联理论框架下的归纳法适合以下几种情况。

①解释常用的具有多种语境效果的话语标记语，如 you know 作为仅次于 I think 的最常用标记语，既具有元知识标记功能，又可以提醒对方已知或应该知道的某种信息，以增加交际双方的认知共性。

②解释区别细微、功能相近的话语标记语，如 sort of 和 kind of 都具有缓和功能，但 kind of 似乎语力较弱，在口语中更容易缩略成 kinda。

③解释可能存在母语负迁移的英汉话语标记语，如“请”和 please 都可以作为礼貌标记语，降低对听话人面子的威胁，但“请”在汉语中还蕴含着谈话双方存在社会等差关系之意，在亲近关系中反而并不常用，即使人们用了它也不会显得不礼貌。然而，由于 please 在英语语言文化中并没有这一功能，因而在亲近关系中也需要被使用。

符合以上情况的话语标记语，由于其功能难以在演绎法的表格中用简单规则概括和清楚表示出来，而脱离具体语境的讲解又过于抽象，不容易理解，因而更适合让学习者接触真实语料，通过关联语境来归纳它们的使用规则和差异。

值得一提的是，话语标记语的翻译问题也逐渐被人们所认识。如何准确地道地翻译标记语已成为关注的热点。笔者认为，基于英汉比较的归纳法使得学习者能够认真思考两种语言文化之间的差异，为翻译做好前提准备。

第八章　大学英语教学与语用能力培养

在大学英语教学中，教师要想加强对学生语用能力的培养，首先应对语言习得的理论有一定的了解，结合语言习得理论，对当前大学生在英语学习中存在的问题进行分析，在此基础上，再选择合适的教学模式，开展英语教学。对于大学英语教学的语用能力培养来说，通用英语和专门用途英语教学模式是教师通常采用的模式，教师必须结合语用能力的培养对其进行完善。

第一节　语言习得的基本理论

一、原型范畴理论

传统的范畴理论是以亚里士多德为代表，以唯理主义为理论依据，以二元划分为根据，认为范畴是由必要和充分的条件联合定义的，范畴有明显的界线，范畴内所有的成员具有同等的地位。这一理论在维特根斯坦提出新观点之前的2000多年里一直占统治地位。随着语言研究和语言教学的不断发展，传统的范畴理论受到新的语言学理论的挑战。20世纪50年代，维特根斯坦通过对“game”（游戏）的研究，论述了范畴边界的不确定性、中心与边缘的区别以及隶属度，提出了著名的家族相似性理论，他将范畴比作家族，范畴中的成员与家族中的成员一样，彼此之间只是相似，而不是相同或一致，他们提出该理论意在摆脱传统的客观主义哲学观的束缚。近几十年来，家族相似性在西方语言学界得到广泛的重视，在许多语言学著作中都能看到它的影子。埃莉诺•罗施及其合作者在20世纪70年代又发展了家族相似性理论，建立了原型理论，即同一概念范畴中的成员不需要有共享的必要条件，但需要有一个能反映本范畴基本特征的典型成员作为原型，与该原型接近的被称为典型成员，缺少原型特征的被称为非典型成员。例如：在“鸟”的范畴内，“知更鸟”常被视为典型成员，而“企鹅”“鸵鸟”等则为非典型成员。原型范畴理论最有价值的贡献就在于它把注意力集中在内部结构上，提出了范畴具有“核心”和“边缘”，即“典型”和“非典型”。在范畴化过程中，“突显性”起着十分重要的作用。范畴的典型成员通常具有认知上的“突显性”。它们最容易被储存和提取。在形成概念的过程中，它们也最接近人们的期待和预料。

人类是从基本层次范畴来认识事物、理解世界的，能快速、有效、准确地组织和处理相关信息，并在此基础上形成原型。一般来说，范畴化的基本层次应包括经验感觉上的完整性、心理认知上的易辨性、地位等级上的优先性、行为反应上的一致性、语言交际上的常用性、相关线索的有效性、知识和思维的组织性这几大特点。

概念作为人类思维活动的细胞，在人类的认知结构和认知过程中是不可缺少的重要组成部分。概念也是构成人类庞大而复杂的知识体系的基础元素。不同语言中很多原型的差异源自人们经验的不同。例如，很多美国人认为知更鸟是鸟的最好例子，这可能是由于知更鸟在美国非常普遍。但是，在世界上其他地区，知更鸟非常稀有或根本不存在，而另一种鸟大量存在，人们则很可能把这种最普遍的地方种类的鸟看作“鸟”的原型。因此，原型的不同源于经验的不同，不同的经验导致不同的原型范畴。潜在于两种不同语言的概念系统的结构之所以以某些方式相互偏离，其原因就在于两种语言的讲话者以不同的方式体验世界。认知心理学家所做的相关试验表明：“人们在概念掌握过程中有利用原型的心理倾向”。人类认知客观世界是建立在对原型的优先把握基础之上的。同样，学习者在学习英语的过程中也有类似的原型特征，因为学习者学习的语言必定是得到使用该种语言的社会群体或集团普遍认同的规范，是典型性的，所以也具有原型性。人们把握了原型的语言信息，自然会对具体言语现象中的种种变体有较合理的判断，不太容易产生认知方面的偏差。

根据认知心理学的研究，模式识别是对人类知觉研究的基本理论，它对于人类知觉的形成有重要作用，同时对人类的记忆研究也有帮助。所谓模式识别，“就是人们把接收到的有关客观事物或人的刺激信息，与他在大脑里已有的知识结构中有关单元的信息（图式）进行比较和匹配，从而辨认和确定该刺激信息意义的过程”。原型理论认为，“人在记忆系统中所储存的信息不是与外部刺激模式一一对应的模板，而是由各种各样的“原型”所表征的。原型不是刺激模式的复本，它是对某一类客观事物所具有的共同基本特征的概括和抽象的内部表征”。原型之所以在人类记忆中有功能的优势，主要是因为原型的存在可以减轻人脑记忆的负担，而且原型所具有的灵活性和变通性更适应人脑进行模式识别的过程特点。同样，人们可以认为，在人类语言学习的记忆过程中，原型也应该具有这样的优势。对语言文化信息中原型特征的把握越深刻，借助原型记忆对同类语言现象的理解也会越容易。

在谈到通过对某一事物的认知而达到对其他未知事物的认知时，往往会使用“举一反三”这个成语。笔者认为，这里的“一”便是一类事物中的原型，而“三”则代表同类的其他事物。所谓类推的过程也就是利用原型事物的认知启发功能所进行的推理。原型的认知启发功能的重要性在于它是创新的基础。众所周知，现代英语教学所追求的目标是使学习者不仅能规范地使用语言而且能更恰当地使用语言。要达到这个目标，就要努力使英语学习者尽可能地获得母语使用者的自然语感，也就是语言的地道程度。学习者在与英语本族语者交谈的过程中，往往会发现，英语本族语者所使用的语句中经常会有很多新颖的表达方法，尽管有明显的独创性，但让人听起来仍然很自然、贴切，且不违反语言常规。这就是他们在语言规范使用基础上的语言表达创新的体现，而这种创新的前提就是对语言常规的良好把握，因为原型对创造性思维有认知启发作用。对英语的基本语言文化知识充分了解，是一个长期的积累的过程。在这个过程中，如果能够利用原型信息的认知启发功能，往往会有事半功倍的效果。

总之，原型具有很强的认知建构价值，认知心理学的研究证明了这一点。词汇语义的认知从本质上来说也是一种语义知识建构的过程，在这个过程中，原型语义信息也能发挥很好的认知价值。

二、图式理论

图式这一概念的起源可以追溯到 18 世纪。1781 年德国哲学家康德提出了认知图式的概念，认为概念本身并无意义，只有当它与人们已知的事物相联系时才产生意义。概念并非孤立地存储在记忆中，而是相互联系，构成了反映现实中相互联系的事物的认知结构图式。这一理论的发展要归功于格式塔心理学家巴特勒特，他在其经典著作《记忆体验心理学和社会心理学研究》中，把“图式”定义为“对过去的反映和经验的积极组织”，并认为图式可作为一个统一的整体在任何与以往经验类似的活动中起作用，即反复的反映就会形成图式。而一旦形成图式，以后的反映就会受到这种图式的影响。图式理论的完善得益于美国人工智能专家鲁姆尔哈特所做出的巨大贡献，他把图式解释为以等级形式储存于长期记忆里的一组“相互作用的认知结构”或“构成认知能力的建筑砌块”。他认为人们头脑中已有的图式会影响或支配其对于新信息的理解，因而人们认识新事物时，总是设法将其与已有的（已知的）事物联系起来，以促进对新事物（信息）的理解。

图式理论常涉及以下几种信息处理方式：自下而上和自上而下。前者指从输入的具体文字信息引起最基本的具体图式的聚合而形成较大的层次图式（由具体文字信息引起高一层次概念的反映），从而激活头脑中较大的高一层次的图式发挥作用，使其对新信息进行处理；后者则是指在面对新信息时，首先从顶层的概念（头脑中的高层次图式）出发对要输入的信息进行预测，并在处理信息时对这种预测予以检验（给予肯定或否定的判断），从而产生由上而下的运作方式。在处理信息时，这两种运作方式常常是同时进行的。人们可以通过图式理论和信息加工机制——新旧图式的整合、图式激发和认知推理机制，达到解读信息的目标。

图式理论被用来解释言语行为、外语教学等多个方面的心理过程，其较强的概括性和解释力来源于它的如下优点：一是图式来源于重复，是在以往的经验的基础上形成的；二是图式可由部分特征引发（激活）；三是图式的反映具有多层次性，并非僵化重复，而且在不断补充、完善、修正；四是图式呈网络状分布，大中有小，数量无限，互相联系（内嵌）。

在图式理论下，图式被当作知识的单位。所谓的知识，并不专指从书本中获得的科学道理，其中也包括数量庞大的日常生活中积累的经验。知识也可以是学习的结果，大到天体运行的规律，小到字母的构成都是知识。知识反映了人类的智慧。人工智能的研究要以人类的智慧为模型，就必须找到一种单位，用来表征人类记忆中庞杂的知识。有了这种单位就能够对人类的知识进行更深入更有条理的分析，图式就是他们找到的用以表征知识的单位。所以人们几乎可以说图式是人类头脑中存在的用以表征知识的单位，是人类头脑中存在的知识的单位，比框架、脚本更具有伸缩性。框架和脚本总能使人想起大的结构。而图式则有足够的灵活性，能够容纳各种知识。把关于字母A的知识称为“字母A的图式”显得很妥当。图式也可以包括明斯基用“框架”来表征的那些知识，也可以包括香克和艾贝尔森用“脚本”来表征的知识。

人们在日常生活中所经历的事情都是具体的，能够记住很多事情并且将之在记忆中保持相当长的时间，但是人们的大脑里不单单有这样具体的信息，很可能人们在认知的同时对事物的特征进行了概括，所以大脑中同时还存在着很多经过概括或抽象化了的信息。这些信息构成了人们的知识，这些知识使得类似的信息再次出现时人们能够再认出来。

正因为人们的记忆中有许许多多、各种各样的图式，人们才会做出恰当的言行，实现相互间的理解。因此图式中存在着表示图式特征的一些信息槽，人们要在具体的图式中填充符合这一具体图式的信息，否则就会违背常理，给交流带来障碍。

同时，图式还具有变量的特点。既然图式表征的是抽象的知识，那么图式中每一部分的知识就都可以由不同的情景来填充。任何一个图式都由空位组成。空位的填充过程是图式具体化的过程，当将足够的具体价值填充到某一个图式的空位中去时，这个图式就会被激活，从而使人们实现认知。

但是图式的变量是有约束的，并不是任何价值都可以被填入某一个特定的空位的。图式中的变量会把价值约束在一定的范围内。这范围很难有一个绝对的标准，只有一个模糊的界限。模糊性是变量约束的一个特点。变量约束的另一个特点是变量具有典型价值，即被填入空位的某一类价值是图式中这个变量中最为典型的价值。图式中变量约束的这两个特点普遍存在。以“鸟”的图式为例，首先鸟是动物，但是人们不能将四条腿的动物填入鸟的图式中的空位，这是因为有变量的约束；会飞是鸟的典型特征，因此燕子、麻雀、鸽子这类会飞的鸟是鸟的图式中最典型的，而企鹅、鸵鸟、鸡和鸭子是不典型的。这些典型的事物往往在人的头脑中形成原型范畴。这些典型的原型范畴是人类认知世界和交际的基础。因为典型原型范畴具有代表事物的最充分而且是最经济的典型特征，这些典型特征有利于人们对事物的划分和识别。原型范畴的上位范畴和下位范畴都不利于信息的识别和加工。上位范畴所指事物太模糊，无法帮助交际者确定事物；而下位范畴又太具体，表现出更为丰富的特征，如果人们在这个层次上进行交际，那会大大增加工作记忆的负担，给交际带来障碍。

变量约束的界限常常很模糊，模糊到难以分清，如 game（运动、游戏）这个图式究竟有哪些必需的特征？维特根斯坦认为 game 没有共同的必要特征。比赛可以是 game，但 game 不一定是比赛；game 通常由两方的人参加，但只有一方也可以玩 game，这就是图式变量的表现。不过变量约束的模糊性并不影响认知图式表征的是知识而不是定义。定义虽然不清，但知识仍然存在。

变量的约束范围是可以改变的，这种改变是人们对客观世界认知的适应，反映了知识的发展。图式中变量约束范围的改变也不是任意的，它必须符合客观现实的可靠性。变量约束对认知有重要的意义，正因为变量有所约束，图式空位的填充才有选择性，所以当客观世界的情景反映到人们的记忆中时才能激活某个特定的图式，而不是激活所有的图式。

图式还具有一定的差异性。图式现象充分体现了人类在已有知识的基础上处理外界信息时的主动作用，这种作用贯穿于信息加工的全过程。人类的知识有很多的共同之处，这是图式的共性，图式的共性是主要的。正因为有相同的图式，人们才可以顺利地进行交流与理解。但每个图式又是不尽相同的。图式的差异体现在以下几个方面。

①图式的社会差异。这是指某一个社会中人们所共同拥有的图式在另一个社会不存在，或者虽然有共同的图式，但其中的变量有差异。图式的社会差异由不同的社会环境造成。社会环境如整个社会的政治、经济、法律、文化、宗教、历史等对生活在这个社会中的所有人都会产生影响，从而带来图式的社会差异。

②图式的个体差异，这是指在同一个社会中人们虽然拥有共同的图式，但由于个人的经历不同，因此图式的变量在这个社会的个体之间也可能存在差异。例如，不同地区的国家可以划分为相应的文化圈，如欧美文化圈、非洲文化圈、中国文化圈、印度文化圈等。这个大的文化圈范围内也存在不同国家间的或者城市与农村间的差异，从而使文化圈表现出了多层次的特点。每个社会的个体也可以构成文化圈的层次。每个人的经验都反映了整个社会环境，但每个人又有属于自己的与众不同的经验，这就是图式具有个体性的原因。因此，图式不仅具有社会性，而且具有个体性。

图式是在具体的环境中形成的，人类对自然和社会的环境有很强的适应性，图式并不会随着环境的改变而改变。人类对环境的适应表现在以下两个方面。

一是增加新的图式，即增加原先没有的某种图式，但在新的环境中能够形成新的图式。例如，一个生活在深山老林里的人到了沙漠里生活，即使能够形成沙漠生活图式，但他并不需要忘掉深山老林的生活图式，而是增加了一些新的图式。

二是原先有某些图式，但新的环境中这种图式的变量与原先有些不同，那么这个图式就会产生新的变量，但这仍然不是图式的改变，因为原有的变量并没有消失，具有变量差异的两个图式同时存在；或者说仍然是一个图式，但这个图式在不同的环境下有不同的变量，两者兼容。如坐公共汽车图式，在中国坐公共汽车与在国外坐公共汽车是一种图式但有不同的变量，经历这两种环境的人可以同时具有两种经验，在不同的环境中能够做出不同的选择。图式的兼容性说明人对环境的适应也是一种学习。

图式最初的形成是不知不觉的，但图式的兼容是人们有意识的学习过程，如人们能够感觉出环境的差异来。图式的兼容可以通过自己的亲身经历，也可以通过别人的传授来实现。当然亲身经历的令人印象更深，运用起来也更自然。但人不可能事事都亲身经历，所以知识的传授对于图式的兼容是极其重要的。

第二节　大学生在英语学习中存在的问题及其原因

一、大学生在英语学习中存在的问题

（一）语言焦虑

大量研究表明，第二语言习得者的个人因素，如情绪、动机、态度、个性、学习策略等是影响外语学习的重要因素。其中，情绪因素当中的语言焦虑被普遍认为是制约学习者学习过程顺利进行、学习任务顺利完成的最突出因素，是语言学习中最大的情感障碍。心理学认为，焦虑是指个体由于长期不能达到目标或者不能克服障碍的威胁，使自尊心与自信心受挫、失败感和内疚感增强，从而形成的紧张不安、带有恐惧感的情绪状态。加德纳（Gardner）等学者认为，语言焦虑有别于一般意义上的焦虑，它是学习者因运用目的语而产生的害怕心理。中国的学者也对此进行了广泛研究，得出的结论是，语言焦虑对语言学习者有着不利影响。因此，研究产生语言焦虑的原因并探索有效地克服其不利影响的方法，可以使第二语言学习者轻松愉悦地投入语言学习中去，促进学习者以更加积极的心态对待英语学习，从而提高其语言能力。

克拉申（Krashen）认为，语言习得在焦虑为零的情况下似乎是最有成效的。但更多的研究表明，焦虑对外语学习的影响既有其有利的一面，即促进性焦虑，又有其不利的一面，即妨碍性焦虑。促进性语言焦虑使学生在遇到困难时，勇敢地面对挑战，更加努力学习以使自己在课堂上和使用英语时表现出色。而妨碍性语言焦虑则使学生，特别是那些过于在意他人对自己评价、过分关注自己表现的学生产生担心或怀疑自己能力的情绪，严重时，这些情绪甚至会抑制学生学习中的思维活动，导致学生英语学习受到影响。

（二）语用失误

以汉语为母语的学生在学习英语的过程中必然会产生语言习得过程中的负迁移，如果不了解英语文化内涵、不懂得讲英语的国家相关的风俗文化，就会导致其在实际交流中违反英语语言习惯，而在举止方式和称呼方面出现语用失误。学生语用失误最主要的表现就是受到汉语语言文化的影响，在实际交际过程中产生明显的中式英语。中式英语是由于误用或不了解英语语言表达方式，而套用母语的对等翻译和表达结构，用汉语的语言结构、语法、逻辑来进行英文表达而形成的。

语言交际都有一定的原则，这些原则使人们能够相互了解，并顺畅地完成交流和沟通。如果交流双方对这些原则不能遵循或者不能统一的话，就会陷入交际困境，产生语用失误。大学生在英语学习中出现的语用失误主要有以下几种类型。

1. 语用语言失误

（1）不恰当的表达方式

中国大学生在课堂上经常将母语的语言习惯套入英语中，不了解英语的正确表达方式。

例如，在课堂上，具有汉语文化背景的学生在提出问题前会说：“老师，我有一个问题。”但在英美文化背景里说“I have a question，teacher”，就是不恰当的汉语直译。其一，“teacher”对应的是一种职业，不能用作称呼语；其二，学生在课堂上提问需用礼貌用语。此外，在汉语语境里，当别人对自己道谢的时候，我们一般会说“没关系”，但是学生在进行英语表达时如果按照中文表达习惯使用对应的英语表达“ It doesn’t matter”，而忽略了“It doesn’ t matter”有着安慰的意思，它主要用于别人表达对自己的歉意而自己没有将其放在心上的情况。汉语“没关系”和英语“ It doesn’ t matter”有着明显的交际内涵差异。表达方式的不恰当会导致大学生误用英语的其他表达方式，不符合英语语言习惯，造成语用语言失误。

（2）不能正确理解言外之意

传达言外之意失败的主要原因是语用模糊，即说话人本身表达的是一层意思，但听话人理解成了另外的意思。例如，在英语课堂上就话题进行讨论时，教师倾向于引导学生之间进行互动：“Can you raise an example？”教师的言外之意是让学生就某一问题的答案进行阐述举例，但是学生未能揣摩其言外之意，只是从句型本身理解，以为这句话是在问听话人是否具备这种能力，而只回答“Yes”或者“No”，从而造成交流失败，无法达到提问交流的目的。

（3）滥用特殊含义的完整句

若是说话人的信息量过大或不足，混淆同义结构的不同使用场合，忽视完整句在特定场合下可能带来的特殊含义，就会导致听话人的误解。例如，教师课前向学生提问：“Have you finished your assignment？”学生回答：“Yes，I have finished my assignment.”学生的回答让人觉得他们是在耍脾气，是在顶撞老师。其实学生本身并无冒犯之意，只是这种回答方式所提供的信息过多，从而产生了“不耐烦”的歧义。这个时候最适宜的回答是：“Yes，I have.”

2. 社会语用失误

学生由于不了解中英文化背景的差异，而在语言形式的选择上发生失误，这与交际双方的身份、语域、话语熟悉程度、话题选取、人际关系远近、不同价值观等方面有关。

（1）问候语的语用失误

在每种文化中，人们都会打招呼，但是打招呼的方式迥异。在汉语文化中，人们打招呼会说“吃了吗？”或“上哪儿去？”，但如果直译为英语就会令人产生被邀请的误解或让人感到不舒服，在英美文化中，人们打招呼应使用“Hi/Hello！”“How are you？”“Good morning！”等。

另外，英语中表示礼貌的话“please”“Thank you”的使用频率很高，很小的事情都会被用来道谢，在表示感谢的时候，一般汉语用“谢谢”，英语用“Thank you”。但是它们也不完全一致，而是存在着一定的区别。中国人在接受感谢时常说“这是我应该做的”，但如果直译为“That’s my duty”，就会使外籍教师十分尴尬，因为这种表达的意思是“其实我是没办法，这并不是我乐意做的”。

（2）赞美和自谦语的语用失误

不同文化之间存在着语言差异。在英语文化中，赞美的词汇比较常用，强调既要尊重对方，又要有自信；而中国人强调既要抬高对方，又要贬低自己，因此谦虚的词汇在汉语文化中比较常见。经过文化的转码，恭维可能被误解，而谦卑可能被理解为不自信。

英美人赞扬别人的时候喜欢用“I like you”，中国人会误以为这样的说法是在谈个人感受。一般来讲，“You look much younger in the coat”（您穿这件大衣显得好年轻）这样的恭维语更符合中国人的称赞习惯。

中国人和英美人在受到恭维或赞扬时的反应和回答也不一样。中国人受汉语文化的影响，听到赞美往往会自谦，这种做法却往往使英美人感到尴尬。例如，当老师称赞学生英语说得好的时候，学生往往回答“No，no，my English is poor”，甚至沿用中文“哪里哪里”“过奖”等汉语习惯中的谦逊语，这样会产生社交语用的失误，造成双方的交际失败，从而不能深入交流。实际上，对于英语赞美、夸奖等，学生回答时只需要说一句“Thank you”就可以了。

（3）禁忌和隐私的语用失误

文化价值观念不同会造成人们对事物持有不同的评价和看法，尤其是对禁忌和隐私问题的看法，在与英美人实际交流时，学生应注意不要问英美人如下问题：“How old are you？”“How much do you earn？”“Are you married？”“Why did you come to china？”等。

在英语文化中，询问收入、家庭、年龄、信仰等是不礼貌的，是干涉他们的隐私，像是在审讯，违反了他们的说话规则。而在汉语文化里，问这些问题却没有那么多禁忌，其表达的往往是一种关心、亲近的情感。

（4）邀请和致歉的语用失误

英美人往往比较直接，常常直接表明自己的态度，发出邀请。但是汉语文化讲究矜持和委婉，邀请人发出邀请后，被邀请人很可能因客套而回答：“不好意思麻烦您”，而在英语交谈中如果说成“It’s too troublesome，Please don’t bother”来表示客气，外国人听起来就会不知所措。而对于别人的邀请，回答“Thank you，I’ll try to come”，会被误解为不愿意去，从而影响正常的交往。

汉语和英语中表达道歉的语用差异也很明显。英语中的“excuse me”与“sorry”是在不同语域中有明确分工的：“excuse me”通常在要打扰别人、打断别人谈话或要吸引别人注意力时被使用；“sorry”则表示在冒犯别人之后进行道歉。换句话说，“excuse me”通常在说或做可能令人不悦的事情之前被使用；而“sorry”在说或做这件事情之后被使用。但汉语中的“对不起”却涵盖了使用“excuse me”和“sorry”的所有场合。

3. 语用行为失误

导致交流中断的语用行为失误也常常发生在非语言交际中，这是因为不同文化对同一语用行为所传递的意义有着不同的限定。面部表情、肢体语言、人身距离等都可以传递出言语内容所没有表达出的信息的语用行为失误，交际者首先要了解有关同一肢体语言在不同文化中所代表的不同含义。例如，在某课堂上，一位学生被叫起来回答问题，这位学生笑了笑，目光尽量避免和老师接触，也没有说话。微笑在这里主要是为了化解尴尬的局面，避免目光接触也是由尴尬和缺乏自信所造成的一种退缩。但是西方人就会感到很费解，因为微笑在西方文化中被认为是友好的标志，他们认为交流中如果缺乏目光接触则表明对方可能在撒谎。可见，最基本的面部表情也可以反映出文化的差异。了解文化差异的存在可以使跨文化交际者在语用行为中更加小心，同时也可以使他们在面对文化误解时更加宽容和有耐心。

二、造成大学生在英语学习中存在问题的原因

（一）造成语言焦虑的原因

语言焦虑的产生既有学习者个体心理方面的原因，也有客观环境方面的原因。

1. 维护“面子”的心理

奥克斯福德认为，自尊心是人们在自身所处的环境下对自身价值的自我

判断，是一种与环境有效互动的过程。当学生置身于生疏的外语语境时，与母语的熟知度形成强烈的对比，这时会时刻维护传统的“面子”，从而使自己处于高度焦虑状态，害怕自己说错、写错或读错而被别人耻笑。任何一个人都有总体感觉很好的时候，但有时也会有因某种经历，在某一特定时期产生自尊心低落的现象。这种妨碍性焦虑会直接影响学习者参与课堂活动的积极性，使学生成绩下降，甚至使其产生厌学心理而最终放弃英语学习。

2. 学习者之间的竞争

贝利通过研究语言学习者的日记发现，竞争会导致语言焦虑。学习者的天性是喜欢把自己与他人进行比较，一旦发现同学能力比自己强、表现比自己好，就会产生“不如别人”的心理。学生在进入大学时对自己的期望值往往都很高，所以当达不到理想状态时，就会产生期望和现实之间的反差。而学生一旦不能处理好这种心理反差，就会逐渐失去信心，在外语学习中则表现为学习焦虑感增强。由于学生在大学以前的经历千差万别，学生之间的语言能力差别很大。因此，能力较强的同学会踊跃参加课堂活动，进一步锻炼自己的能力。这些积极表现的同学不仅“抢”走了其他同学的表现机会，而且会加深其已有的自卑心理，使其产生语言焦虑，导致其语言学习的积极性降低，使其不敢在公共场合说英语。

3. 考试焦虑

考试焦虑是指在某一测试或评估中，人们由于担忧自己表现不好而表现出来的心理状态。其实，这种担忧有时是不现实的。考试焦虑在学生中普遍存在。当今社会，人才竞争十分激烈，学生要承受很多外部压力，尤其是每年的大学英语四、六级考试。有相当一部分学生不能正确地对待考试，把通过大学英语四、六级考试作为大学英语学习的唯一目标。学生把考试看得太重，思想压力过大，超过其心理负荷而表现为过度紧张，过分的重视导致焦虑感的加深，往往无法发挥出自己的正常水平。同时，学生为了顺利通过考试，在考前花费大量时间和精力进行训练，在此过程中经常感受到压力和焦虑，过度的焦虑耗费了学生本来可以用于记忆和思考的精力，考试中很容易出错。

4. 其他因素

除了上述主导因素外，其他因素也会导致语言焦虑的产生，如学生的兴趣、自信心、课堂活动与教学方式、负评价恐惧、学生之间的关系等。

（二）造成语用失误的原因

1. 文化差异

人们常常把语言比作文化的镜子，认为通过语言可以认识文化，文化能通过符号、规则以及人们对世界的看法来影响语言。同样重要的是，意义往往会随文化背景的改变而改变。语言和文化紧密相连，不可分割。从本质上说，语言是一群人所使用并理解的一套符号体系和构成这套符号体系的规则。具有不同文化背景的说话人展现的是不同的行为方式，分享的是不同的信仰，双方对世界没有完全相同的看法，而且各自持有根深蒂固的文化标准，会根据自己的文化和交流准则来评估对方的行为，这在多元文化和单一文化的交流中都是存在的。因而，跨文化交际行为中的理解和交流失误更加多发，因为交谈双方在跨文化交际中更倾向于频繁地将谈话内容反射到各自潜在的社会文化和交流准则中。

不同的语言具有不同的语言习俗，不同的文化也具有不同的文化习俗。事实上，社会语用失误主要来自语言选择和文化价值间的不恰当搭配。也就是说，造成社会语用失误的原因一部分是语言的，一部分是文化的。

2. 价值体系差异

价值在跨文化交际中起着重要作用。据罗克奇（Rokeach）所言，价值是众多行为方式和决策方法中特殊的、持久的信念，被看作兴趣、需要方面天然的或文化的期望。价值体系是一套判断行为和实施策略所依赖的准则系统。

每个人都有一套独特的价值体系。某些价值渗入文化中，便成了文化价值。价值体系的不同会阻碍跨文化交际，甚至变为客观思维的阻碍。比如人们太习惯于自身的价值导向而拒绝其他文化中的思维方式，因此，不理解他人价值体系中诸如个人主义、隐私、努力工作等取向，就很难理解他们的行为方式。从某种意义上可以说，价值体系是语言和文化学习中的首要的应考虑的问题。在外语课堂上学习目的语的价值体系不仅是提高学生文化意识、保障成功交流的有效手段，而且是拓宽思维空间的有效方法。

3. 思维方式的迥异

萨丕尔 • 沃尔夫假说认为，语言有助于塑造或形成人们的世界观，语言是一种过滤结构，将会扭曲现实并影响或控制人的思维。这个假说引起了无数的争论，但是关于人的思维方式影响人的语言这一观点却被广泛接受，毕竟进行交流的不是文化，而是人。人的思维方式受到社会文化、个人经历和心理认知的影响，这是必然的。中国式思维方式是综合性的、集体主义的和演绎的，而西方文化却是分析性的、个人主义的和归纳的。不同的思维方式会导致不同的言谈策略和交流方式。

第三节　通用英语教学与语用能力培养

一、通用英语的概念

EGP 是 English for General Purposes 的缩写，即通用英语，也有人将其翻译为普通英语，在我国，EGP 又被称作大学英语。通用英语是指以教授一般语言技能为目的的课程，旨在培养学生基础英语的技能，也就是使学生掌握英语语言共核。语言共核是语言学家在对语言功能意念的研究中形成的一个概念，是指说某种语言的人群中大多数人都使用的那部分语言。大学公共英语的教学属于英语普及教育，教授的大都是英语语言共核部分，这部分语言在词汇、语法和意念功能方面的差异不大，且不受地域、受教育程度、社会地位、职业、话题的制约。不论学习者的学习目的如何，今后将要从事什么样的工作，这部分的语言及其表达方式都是通用的，也是必需的。

EGP 主要强调培养学生应用英语语言的基础技能。我国当前以教师中心论为指导方针的教学模式已难以适应社会经济形势的发展和培养高素质、高层次人才的需要，相关学者明确指出：在改革开放背景下，我国虽培养出一大批英语能力好的人才，但与市场需求的应用英语语言技能还存在较大的差异。为此，大学英语教学有必要在经济全球化背景中寻求适宜的教学模式，注重教学内容和教学方法的调整，以培养具有英语实践应用能力的高素质人才。

二、通用英语的现状与趋势

在国内，大部分高校的公共英语教学主要围绕基础英语教学展开，也就是说 EGP 教学在目前大学英语教学中占据主要位置，学生依旧围绕着听、说、读、写、译五项基本语言技能来展开学习，并把通过大学英语四、六级考试作为方向和目标。教师在授课过程中主要围绕英语基础知识以及技能来进行教学。这种单一而又传统的大学英语教学模式是对之前学习过的英语知识的重复和扩充，可能会导致学生的厌学心理，学生会认为大学英语毫无新意，只是机械地完成教师布置的作业和任务，忽视了英语实际应用能力的提高。同时，很多高校只注重大学英语四、六级过级率而忽视了专业英语的教学，学生在这种状态下学习大学英语，会导致学习状态不佳甚至会直接影响大学英语四、六级过级率以及学生的就业率。据统计，很多大学生在长达十几年的英语学习生涯中，往往学习的都是纸上英语，机械地应付各种英语测试，掌握了专业技术知识却不了解专门用途英语；掌握了通用英语却不了解专业知识的现象在大学生就业后常常出现，所以，大学英语教学改革势在必行。

通用英语的学习目标是达到《大学英语课程教学要求》中的一般要求，而专门用途英语（English for Specific Purpose，简称 ESP）教学所涉及的内容和范围属于大学英语教学的更高要求，是建立在通用英语基础之上的。所以，把 ESP 与 EGP 有机地融合是非常必要的。在激发学生的学习英语兴趣和动力的同时加强专业知识学习，不仅能提高学生的语言综合运用能力，更能满足学生的就业需求。

三、通用英语教学与语用能力培养的策略

（一）实现通用英语教学与专门用途英语教学的融合

首先，通用英语教学中开设翻译课、演讲课、写作课、辩论课等课程，专门用途英语教学中可开设专门英语阅读、学术英语口译及笔译、撰写学术论文等课程。同时，各高校应根据不同学生的不同学习目标进行通用英语或专门用途英语的听、说、读、写、译等技能训练，以保证所有的学生都能学有所得。其次，在教学内容方面，通用英语教学要围绕文化交流，而专门英语教学要贴近学术交流。通用英语教学可根据中外文化交流中大学生对英语的运用来选取教学内容，培养学生的跨文化交际能力，使大学生在运用英语的过程中全面了解西方文化，从而能够精准表达，同时，还能更准确地用英语在中外文化交流中宣扬中华文化，促进中外文化交流。最后，教师应优化英语教学方法，要使学生在用中学、学中用。一切教学计划的实施，都应要求学生全程运用英语，在此过程中，教师应鼓励学生不断学习新材料，从中吸取新信息，引导学生边用边学、边学边用，从而使学生在通用英语与专门英语学习过程中逐渐产生新的、清楚的方向，从“被动学”转变为“主动学”。学生可以在主动学的过程中，找准自身定位，制订更合理的学习目标，并从中感受到进步的喜悦，最终提高英语教学质量，形成专门英语与通用英语共同发展的新局面。

（二）采取通用英语与专门用途英语融合的教学模式

1. 并行式教学模式

并行式教学的基本框架：讲授—讨论—讲授（总结）；最大特征：教师引导，师生互动配合。并行式教学模式一方面要求学生要具备扎实的英语基础知识，以及对 ESP 知识结构有基本的了解和掌握；另一方面要求教师具备较高的综合素养和专业水平，在实际教学中具备引导学生自我理解、主动探索和积极互动的能力。例如，在讲授环节，教师可适当引导学生对自身掌握的

英语知识进行反馈和总结，大致了解学生的接受程度和理解程度，便于对教学方式、互动策略和考核手段等进行针对性调整，从而确保师生之间能在并行式教学模式下，达到巩固 EGP 知识、提高 ESP 知识的目的。

2. 分级式教学模式

分级式教学模式主要以教育学和心理学作为理论支撑，符合现代社会发展对英语学习者提出的素质要求。从教育学角度来看，分级式教学模式比较符合 ESP 教学目标，强调教育教学的针对性和目的性，例如：对 EGP 基础知识掌握良好的学生进行深层次的提高；对于 EGP 基础较为薄弱的学生做到等一等、缓一缓、拉一拉，使每个学生都能在适合自己的学习环境中得到最大程度的提升；从心理学角度来说，分级式教学可为学习者设定比其自身实际水平略高的语言学习目标，激发学生学习 ESP 的欲望和激情，挖掘学生的语言潜力。

3. 支架式教学模式

支架式教学模式是指在大学英语教学中，根据学生的需要为其提供帮助，并在其语言学习能力有所增长时撤去帮助的活动程序。在某种程度上，这种教学注重培养学生参与 ESP 教学的积极性，通过创造合适的学习环境和设计恰当的学习任务，确保学生能在充分掌握 EGP 知识的基础上，发挥其主动性。

第四节　专门用途英语教学与语用能力培养

一、专门用途英语的概念与分类

（一）专门用途英语的概念

ESP 是“English for Special Purposes”的缩写，即“专门用途英语”或“特殊用途英语”。早在 1964 年，在韩礼德等人合著的《语言科学与语言教学》（*The Linguistic Sciences and Language Teaching*）一书中就提出了 ESP 的概念，即“English for civil servants，for policemen，for officials of the law，for doctors and nurses，for specialists in agricultures，for engineers and fitters”。也就是说，ESP 是指与某种特定职业学科或目的相关的英语，强调教师要根学习者的具体需要来决定教学内容与方法。此书对语言学与专门用途英语的发展具有重要意义。

此后，斯特雷文斯于 1988 年又提出了 ESP 包含四个绝对特征和两个可变特征，绝对特征是指 ESP 为满足学习者的特殊需求而设；内容与其所涉及的特定学科相关；采用的语言风格围绕特定学科在语法词汇等方面的不同而调整；与 EGP 形成对照。可变特征是指 ESP 不一定局限于所学的语言技能；ESP 的传授不采取任何预先设定的方法。

受其影响，埃文斯和圣约翰进一步提出，ESP 是根据某一特定专业设计的相关的英语课程，有别于“一般用途英语”，是一种独具特色的教学方针与教学主张。ESP 具有跨学科的特点，它不但涉及语言本体和语言学相关理论，而且涉及学生所学的专业知识，其教学目的是培养和提高学生所学专业领域的英语运用能力。

还有许多学者对 ESP 做出了定义，在此不一一赘述。这些定义既有合理的一面，又有不足的一面。概括而言，ESP 是指与某一特定职业或学科相关的，根据学习者的特定目的和特定需求而开设的英语课程，如科技英语、法律英语、财经英语、工程英语、计算机英语等。我国学者对于 ESP 教学也进行了研究，例如，严明教授认为，专门用途英语不是一种产品，而是一种途径，没有特殊的教学方法，与一般用途英语在教学上没有本质区别，只是需要根据学习者的特定需求确定具体的教学方法。

（二）专门用途英语的分类

专门用途英语（ESP）的分类方法有两种，即三分法和二分法。

根据哈钦森和沃特斯的观点，专门用途英语可分为科技英语（English for Science and Technology，简称 EST）、商贸英语（English for Business and Economic，简称 EBE）和社科英语（English for the Social Science，简称 ESS），每个分支又可再分为学术用途英语（English for Academic Purpose，简称 EAP）和职业用途英语（English for Occupational Purpose，简称 EOP）两个次分支，这就是所谓的专门用途英语的三分法，主要以学科门类为主线。

乔丹则将专门用途英语直接分为学术用途英语（EAP）和职业用途英语（EOP）两大分支，而学术用途英语又可再分为专门学术用途英语（English for Specific Academic Purpose，简称 ESAP）和一般学术用途英语（EAP）二类，二分法主要以学习者的学习目的和语言环境为主线。

尽管各位国外学者对 ESP 的分类略有不同，但通过这些描述可以确定的是，我国高校开设的专业外语课程应属于专门用途英语范畴。

二、通用英语与专门用途英语的关系

（一）通用英语教学与专门用途英语教学之间的差别

ESP 的教学内容与学习者的学业、就业、职业密切相关。主要侧重培养

学习者专业英语知识以及专业英语工作能力。这门课程往往开设在 EGP 的课程之上。在专业英语学习之前，学习者已经具备相关的英语语言知识以及英语语言技能。

由此可见，EGP 教学培养学习者的英语语言基础，具有普遍性；而 ESP 作为 EGP 学习的扩展和延续，是在 EGP 的基础上根据不同专业情况开设的，具有针对性、专业性以及实用性，侧重专业知识方面。除了相关专业，ESP 主要是开设适用面较广的带有共性的课程，内容专业性不会太深，但在语言上具有针对性和代表性，尤其要有这个专业方面的专有词汇、一般科技文章的语法结构和常用表达方式等。

同时，ESP 教学和 EGP 教学之间还存在一些差异，在教学对象、教学方法、教学内容、教学目的等方面都存在差异。EGP 作为学生学习的通用课程，培养学生的语言技能，并帮助学习者掌握英语的普遍性。ESP 则是帮助学生拥有专业英语水平的课程。

（二）通用英语教学与专门用途英语教学的互补关系

现代社会对培养国际化人才提出了明确的要求：适应国家经济、社会对外开放的要求，培养能够参与国家事务和国际竞争的国际化人才。这一要求需要通过通用英语教学与专门英语教学二者合作共同达成，其中通用英语教学涉及了多元文化，旨在培养国际化人才所需的跨文化交际能力、传统中华民族传统文化能力等。

三、专门用途英语教学中的问题

根据外语教学阶段发展，中学生进入大学时，英语应该基本过关，所以高校不必要再开设通用英语。为了帮助学生适应英语开设的专业课程，高校可根据学生需求提供 ESP 课程。但是，国内中学教育受应试教育等因素干扰，学生在中学阶段学习了系统的语言体系知识，却很难顺应英语开设的学术专业课程。大学生最常见的学习问题体现在他们缺乏通用英语的坚实基础，缺乏足够的学习策略，并过度依赖教师。因此，我国大学的英语教育普遍在第一阶段需要学生下功夫补足本应在中学阶段应该掌握的通用英语知识和技能。

我国对 ESP 的教学研究正处于瓶颈阶段。师资、教材、教学方法等资源匮乏，导致教师在理论基础上对 EAP、EOP、EGP、ESP 等课程的认知混淆。加上缺乏专项的师资培训和指导，英语教师无法确定自己的课堂角色，忽视了在语言知识和语言教学方面的自身优势。开设 ESP 课程的大多数高校还是基于EGP课程的教学模式，不同之处只是前者沿用了传统语法下的翻译教学。这种教学模式普遍不能满足学生的目标需求，从而导致ESP教学“费时低效”。此外，ESP教学往往被误解为英语环境下的专业知识教学，教师忽视了它是英语语言教学的课程本质，是以英语为媒介的专业学科教学。正是由于学科专业引发的教学障碍，英语教师对自身教学的胜任力信心不足。从理论而言，EGP应该是以综合语言能力提升为主的教学，而ESP是在语境、师生关系、课堂教学模式、教学内容和层次方面有着不同特点的教学。例如：首先，课程设置必须从学生需求出发；其次，教学内容必须基于专业和学术活动，学生需从问题和语篇等方面展开研究性的学习；最后，更重要的是，ESP教学必须建立在师生平等基础上的以学生为中心框架下的讨论和探究式教学。

目前，具体来说，我国大学中专门用途英语教学中主要存在以下问题。

（一）定位不明确

20世纪70年代末，我国开始实行改革开放政策。随着国际交往的日益频繁，社会开始认识到英语作为交际工具的重要性，英语教学开始受到本科院校的高度重视。我国教育部高教司先后于1985年批准下发了《大学英语教学大纲（高等学校理工科本科用）》，于1986年批准下发了《大学英语教学大纲（高等学校文理科本科用）》。大纲规定：“大学英语教学的目的是培养学生具有较强的阅读能力，一定的听和译的能力，初步的写和说的能力，使学生能以英语为工具，获取专业所需要的信息，并为进一步提高英语水平打下较好的基础。”1999年，我国又推出了《大学英语教学大纲（修订本）》，该大纲体现了国家高等教育部门对大学英语教学理念的变化，主要包括：①大纲不再分文、理科，教学对象改为全国各类高等院校的本科生，并强调因地制宜，分类指导；②提出大学英语“四年不断线”原则，要求在大学三、四年级开展结合所学专业的专业英语教学；③第一次把大学英语四级定为全国各类高校均应达到的基本要求；④大纲第一次提出要积极大力推广合理使用网络和多媒体课件的教学手段。新大纲将“专业阅读”改为“专业英语”，并明确规定专业英语是必修课，“是大学英语教学的一个重要组成部分，是促进学生完成从学习过渡到实际应用的有效途径。”ESP教学从此告别了无名无分的历史。

但是，教育部高教司的政策并没有在高校得到很好的贯彻和实施。目前，我国许多高校对ESP课程的定位并未取得一致的认同，不少学校只抓基础英语教学和四、六级考试，甚至把四、六级证书和教师的绩效考核、学生的毕业证书挂钩，给教师、学生造成很大的精神负担和心理压力，使得师生根本无暇顾及 ESP 教学。多数学生在完成两年基础阶段的学习后就放松甚至是放弃了英语学习。而有些高校即便勉强开设了一些 ESP 课程，但由于组织管理、教学手段、教材建设、师资力量、测试评估等诸多因素的影响或限制，根本无法保证课程的教学质量，导致学生学完相关课程却显示不出这方面的优势、实力和特色。

毫无疑问，如果不解决好高校 ESP 课程的定位问题，就根本谈不上改进 ESP 教学，更谈不上满足经济社会发展的新要求、为国家培养具有国际竞争力的高层次复合型人才。

（二）教学模式单一

目前国内高校开设的“商务英语”“国际营销英语”“科技英语”“计算机英语”“法律英语”等专门用途英语课程大多采用的是“语法—翻译”教学模式，即分析专门用途英语中某些句子的语法现象，比较单词或短语的用法，逐句翻译成汉语以理解句子的意思。客观地说，“语法—翻译”教学法也并非一无是处，在帮助学生熟悉专门用途英语的语法结构，理解长句、难句内容等方面还是起了很大的作用，在一定程度上解决了学生初涉专门用途英语时所遇到的“既看不懂也记不住”的难题。但是，采用“语法—翻译”教学模式的课堂大多是“一言堂”，即以教师在台上逐字逐句讲解课文为主，且在课堂上大量使用汉语，学生在台下被动地听，或忙着记笔记，使得课堂上师生互动、双向交流的机会大大减少。结果可想而知，ESP 课程最后变成了专业词汇课或翻译课，学生最终学到的也只是“哑巴”英语，学生毕业后无法学以致用，很难在自己的工作岗位上熟练地用英语完成与其工作相关的交流。

（三）教材质量不高

教材是教学的手段之一，是教学大纲和教学内容的具体体现，直接影响着教学效果。国内 ESP 教学从 20 世纪 70 年代末开始萌芽至今已有 40 多个年头了。但令人遗憾的是，到目前为止，我国高校尚无统一的 ESP 规划教材。一方面，国家高等教育部门鼓励各高校开展 ESP 教学，适应经济社会发展对高层次复合型人才的新要求；另一方面，国家高等教育部门却又没有为高校提供相应的 ESP 系列教材。这也许是目前国内高校 ESP 教学为什么总是停滞不前，为人诟病的一个重要原因，因为“巧媳妇难为无米之炊”。

由于没有统一的 ESP 规划教材，各高校在开展 ESP 的教学中，在 ESP 教材的选取上也就各自为政，“各显神通”了，有的高校直接引进原版，也有的高校自编或联合其他高校编写教材。

引进原版教材虽然在很大程度上促进了国内教材的开发，为高校 ESP 教师参加国际学术交流提供了平台，推进了早期 ESP 教学的发展。但是盲目大批量引进，不仅价格昂贵，对师生的文化意识和外语水平要求较高，而且对编制适合学生程度与需求的国内教材形成挑战。而自编教材则多半只是把专业原版书籍中的一些文章汇编在一起，通常是缺乏学科专业知识的系统性、技能训练的有序性、有阅读文章而无相关语言练习。这些教材要么不能切实配合专业课的教学内容，要么只注重学生专业词汇的学习，忽略了学生综合运用专业英语能力的培养。这样，难以保证从语言角度循序渐进、由浅入深地组织合适的教学内容。高校 ESP 教学缺乏具有个性化、个体化、地方化的高质量 ESP 系列教材，极不利于培养学生的语言交际能力。

四、专门用途英语教学与语用能力培养的策略

（一）明确课程定位与目标

大学英语教育的主流思想应该是培养熟练运用英语进行技术和工作交流的高素质人才。大学英语属于高等教育，应该体现高等教育的特点，这一体系主要落实在工具性、专业性以及人文性上。

直接主导课堂设计和教学策略的步骤是需求分析。需求分析包括两个方面的内容：其一，分析学习者语言学习的目的，这是目标取向的需求定义；其二，分析学习者如何达到目标，这是过程取向的需求意义。因此，学校应基于课程设计的定位、能力开发的理念、行动导向的教学过程，在思考诸多重要因素后，再确定学生需要 EGP 还是 ESP，拟或两者兼备。如果高校在学生的通用英语滞后于大学外语教育要求的情况下却开设 ESP 课程，学生的学习效果肯定不佳。事实上，多数大学生外语学习中的问题显然是对语言体系、四项语言技能，以及准确得体地使用英语等方面的不足。进入大学后，学生在学术英语大框架课程下最迫切需要的是，掌握好通用英语并能自如地操控英语，从而才能有效地完成特定专业课程的外语要求。

ESP 课程的核心目标应该遵循广泛共识的需求和目的原则，建立知识性、教育性、趣味性和技能共进的课堂教学，将英语能力的培养融合于专业课程教学中。专业英语课程应训练学生对职场涉外活动的听、说、读、写、译的能力和交际能力，实现语言教学的最终目标——应用。就英语专业而言，语言的学习应该服务于专业知识的学习。此外，学生应在掌握本专业涉及的专业术语的英语表达等技能的基础上掌握以下能力：阅读专业书籍能力，英汉翻译的能力，口语交际能力，一般书面英语的写作能力，信息收集、处理、

传播的能力，获取新知识的能力，分析问题与解决问题的能力，交际合作能力，等等。

（二）加强教材建设

专门用途英语的教材五花八门，难度不一，缺乏统一的教学大纲，而学生使用的教材以自编教材为主，自编教材的内容多半是编写人员将外文杂志或书籍中的内容经过翻译后汇编在一起，这类自编教材对于学生扩充专业词汇，熟悉科技文的表达方式是有用的，但其不能反映本专业的发展状况及研究热点。因此在教材的材料收集及编写的过程中，编写人员一定要注意将本专业涉及的专业知识、专业词汇以及国际先进研究编写进来，在此过程中，编写人员可以尽量参考相关专业的中文教材，这样，学生就可以进行中英文对照学习，有利于学生构建专业知识体系以及框架。此外，编写人员应该根据专业特点编写教材，在教材编写中多选取专业词汇及理论知识，以扩充学生词汇量；应注意涵盖专业基础理论，多以科技文章为案例，可参考中文教材的重点教学内容来组织教材，但也应该突出英文教材特点，这样有助于学生构建系统的知识体系，避免学生在学习专业时不能对应其专业表述。

（三）构建以学生为中心的教学模式

以学生为中心的课堂模式是合适的 ESP 教学模式。任务型教学将拓展学生知识和语言技能有机结合起来。在教学设计上，针对我国特色下的外语教育特点，教师在考虑专业背景、学科差异等诸多变量因素的影响下，要先做好共核知识的习得和应用。随着大学英语教学的逐步调整，从广义的教学角度逐步过渡到狭义的专业特点教学，可以帮助教师尽可能达到 ESP 课程的最大效能。以学生为中心就是要通过学习方法与探索模式来培养学生的批判性思维。教师要重视并充分利用英语资源，以及学习体验资源。例如：因特网、英语视频、电视、电影等，让学生在丰富的语言资源中学习英语，避免把大部分精力和时间用在精读、泛读上。教师要特别重视个体差异，要改变教材内容和课时进度要求，坚持因材施教。此外，以学生为中心的 ESP 教学模式要重视外语学习技能规律，避免被动、人为或虚假的语言输入、输出。

教师应充分实践教学策略，除了常见的 presentation（陈述）、discussion（讨论）、problem-solving（问题解决）、role play（角色扮演）以外，hands-on activities（动手操作）、field visits（实地考察）、interview with expects（采访）也可以充分利用广泛的教学资源推动学生自主学习、个性化的探索性学习。教师还应利用网络资源保证学生能在不同的学习环境下，用不同的学习方式，利用不同的技术参加不同的学习活动，体验不同的学习经历。

（四）加强语用技能培训

英语的听、说能力是培养大学生英语语用能力的关键，它对学生能否合理地进行语言交际有着重要的影响，学生听、说出现失误，就意味着他们的英语语用必然是失败的。英语中有很多读音相似的词汇，如果学生听、说能力不过关的话，很可能造成听错的事故，给语言交际造成障碍。因此高等院校应根据不同专业、学科、开设课程的特点，从学生的专门用途英语听、说能力开始进行培养，加强学生语用技能的培训。

学校可以尽量多地为学生提供英语交流机会，定期邀请相关专业的专家、学者来学校进行学术交流，鼓励学生与专家、学者进行英语学术交流。而对于教师而言，学校也应该尽量多地提供教师进修学习的机会，提高教师的英语水平，保证专业教师的专业英语教学质量，为学生与国际接轨提供有效的保障。

参考文献

[1] 白雅，岳夕茜．语言与语言学研究 [M]．昆明：云南大学出版社，2010．
[2] 杜秀莲．大学英语教学改革新问题新策略 [M]．济南：山东大学出版社，2011．
[3] 田彬华，赵荣．中西文化概论 [M]．北京：对外经济贸易大学出版社，2014．
[4] 张干周．实用英语语法教程 [M]．杭州：浙江大学出版社，2010．
[5] 张树铮．语言学概论 [M]．武汉：武汉大学出版社，2012．
[6] 王德春．普通语言学 [M]．上海：上海外语教育出版社，2011．
[7] 贾冠杰．英语教学基础理论 [M]．上海：上海外语教育出版社，2010．
[8] 李建军．文化翻译论 [M]．上海：复旦大学出版社，2010．
[9] 何桂金，高纪兰．新英语语法教程 [M]．北京：外语教学与研究出版社，2010．
[10] 剧锦霞，倪娜，于晓红．大学英语教学法新论 [M]．北京：中国书籍出版社，2014．
[11] 杨连瑞，等．二语习得多学科研究 [M]．青岛：中国海洋大学出版社，2010．
[12] 梁红卫．大学英语词汇教学与学习 [M]．福州：福建教育出版社，2013．
[13] 卢水林．英语缩略词研究中的现存问题及思考 [J]．西藏大学学报（社会科学版），2015（2）．
[14] 李艳红．论沃尔夫“语言相对论”的核心思想 [J]．河北民族师范学院学报，2013（1）．
[15] 高琳．中国学习者英语语音习得研究述评 [J]．东华大学学报（社会科学版），2011（1）．
[16] 赵凯，曹廷军．从指示投射看英语中直接引语和间接引语的转换 [J]．哈尔滨工业大学学报（社会科学版），2011（2）．